廖義榮、高震宇——著

無痛退休

戰勝年改、對抗通膨，
活到90歲也不怕的
實用理財術

目　錄

PART 1 觀念篇

PART 2 準備篇

讓退休後的幸福生活規畫成真

李長庚

　　我們無法準確預測無常多變的未來，但是只要活著一天，日子還是要過，關鍵在於同樣的一天我們要怎麼過？有沒有系統性方法可以著手規畫，讓退休生活朝著期待的軌道發展呢？

　　哲學家羅素對幸福的定義，可歸納成一個方程式：幸福＝能力≧慾望，幸福可以透過動態調整平衡，讓退休後的幸福生活規畫變得可能。

　　人生有不同的階段與面向要關注，本書作者從現在的觀點聚焦，探討未來退休生活的財務規畫。

　　退休要考慮的因素繁多，並不像網路上的退休試算那麼簡單，只要輸入預估的退休後餘命年數、每月生活費、醫療保健費用、通膨率、資產報酬率……等，就可以算出你的退休財務需求。作者從觀念引導讀者做退休規畫要注意的事項和建議，以家庭經濟為核心做準備，從四個面向：財務、健康、生活型態與社會心理，逐一檢視，才不會顧此失彼，並以實際案例說明，以適當投資工具建構完整的退休規畫。

　　做財務規畫時，作者強調做好資產配置，以分散風險和透過長時

間複利效果創造收益，要選擇適合自己風險承受範圍的投資工具，如：保險、基金、ETF、信託……等各有擅長，每一種工具都有其優點與局限性，要從風險分散、交易成本、資訊透明、買賣方便操作靈活等角度慎選投資工具，建構退休規畫藍圖，善意提醒各種投資工具的費用要清楚，才能確保所期待的淨收益，再轉成現金流以支應退休生活所需，作者也提出多桶水的提領策略，例如以三個水桶兼顧長中短期現金流。

這些規畫可以很簡單，有財務規畫素養者自己就搞定；也可能很複雜，需要找專業理財顧問協助，作者本身是 CFP 持證人，大多數尋求諮詢的客戶都不熟悉退休規畫，所以作者才將退休規畫的系統性方法整理成書，對讀者學習退休規畫而言是簡明易學的工具書。

距離退休可能還有一段時間，很容易會有心理陷阱，作者以被尊稱為行為經濟學之父的諾貝爾經濟學獎得主理查‧塞勒所舉出的心理陷阱並且提出對治的解方。這些心理陷阱包括：過度自信、損失厭惡、缺乏自制力、心理帳戶與沉默成本，都是長期容易讓人掉進去的陷阱。

以內政部公布的國人平均壽命在 65 歲法定年齡退休來推估，男性退休後平均有 4,307 天，女性退休後有 6,716 天，可以好好開展另一段沒有工作責任的新生活，問題只在於是要及早行動掌握退休後生活方式的選擇權，還是處處被沒有規畫的可能不足所制約呢？什麼時候開始做退休規畫呢？現在就從整理家庭財務狀況做起，再逐步理出退休後的生活藍圖。

孫子兵法說：「凡事豫則立，不豫則廢。」不管距離退休還有多

久，及早行動就對了。現在是資訊爆炸時代，期盼大家一起終身學習，及早啟動退休規畫，退休後都能享受美好幸福且精彩的退休生活。

（本文作者為 FPAT 社團法人台灣理財顧問認證協會理事長、

國泰金控總經理）

聰明思考，紀律理財

呂忠達

　　2017 年諾貝爾經濟學獎得主、美國芝加哥大學布斯商學院的理查・塞勒教授，被讚譽為「行為經濟學之父」，在其半自傳性代表作《不當行為》一書當中，提及掌握了人性，將能做出更聰明的決策。

　　芝加哥大學是「古典經濟學派」重鎮，「古典經濟學派」強調人的理性面，認為多數人會從理性出發做決策。然而，塞勒教授整合心理學和經濟學的「行為經濟學派」，挑戰了主流經濟學「理性經濟人」的假設，試圖從人的不理性面進行分析。他認為多數人的行為是基於「有限理性」，因此時常會做錯決定。所以，我們需要的是以真實人類為主體的經濟模型，才能提升決策的品質。

　　塞勒教授特別關心的一個議題，是為什麼許多人無法存到足夠的退休金，以致老年時陷入經濟困境，關鍵就在於「人性本懶」的特質，人們在理財時容易掉入一些心理陷阱，以及一般人找不到破解「自制力不足」的方法。

　　作者以他個人在實務界與學術界長年所積累的經歷，不僅深刻明白一般民眾的痛點，也透過詳盡的分析，替即將邁入老年生活的族群，

建構出一條穩健的道路，確保每位讀者在正確的退休規畫觀念下，都能以穩定的經濟基礎，安心度過老後生活。

本書引領讀者評估退休規畫的四個面向：財務、健康、生活型態與心理社會，導正退休準備的迷思，更重要的是為了避免風險，提出風險管理的建言，以「安全」為主要考量，奠定成功退休規畫的基石。

此外，震宇兄鑑於社會大眾對公務人員年金制度的不了解，完整地介紹年金制度，並提出具體的規畫方法，分析各種投資方法及管道，建議讀者避免只單純以無法因應通貨膨脹風險的「存款」等投資方式來規畫。

書中可貴的部分，在於 2018 年公務人員調薪 3%，震宇兄也針對調薪後公務人員年改退休金的計算舉實例說明。作者曾受邀於勞動部演講，其主題就是「公務人員年金改革下的退休規畫」，公務人員對於年改的內涵，有高度的動機想要了解，也期待本書能夠有效幫助公務人員做好退休規畫。

本書屬於入門工具書，在有限篇幅中涵蓋廣泛的內容，並運用圖表格輔助說明，簡明易懂。建議讀者可以本書的觀點做為學習的開始，與身邊親朋好友中較有經驗的人請教討論，縱使沒有財務管理基礎的人，也可以循序漸進，逐漸規畫與掌握自己的經濟生活。最後祝福大家都能聰明思考，紀律理財，輕鬆享受老年人生！

（本文作者為新光投信投資暨行銷專案總監、
台灣金融研訓院大陸金融業務顧問暨菁英講座）

作者序

退休規畫需要學習，才能自信迎接人生另一階段
廖義榮

　　談到退休，你會有什麼感覺：信心滿滿、焦慮，還是茫然沒有頭緒？2018 年又是多事之秋：軍公教人員年金改革出爐，多數人的退休金大概少 3 成以上。也許本來預期退休金每月有 6 萬的，現在變成 4 萬，這些少掉的退休金要從哪裡補回來，才不會影響退休生活？而且勞保年金也要開始討論如何改了，這些事對所有人來說，可能都不是一件值得高興的事，因為大家的退休金都要減少了。身為一個獨立財務顧問，在幫客戶提供財務規畫諮詢的時候，退休規畫一向是我會跟他們討論的重點項目之一。對於退休規畫這件事，多數人是沒有概念的：退休該做何準備？退休後沒有工作收入，生活費要從哪裡來？退休只有錢的問題需要準備嗎？多數人從媒體接觸到的退休相關資訊，多半只是很粗淺的：專家說，退休需要準備 1,500 萬元、2,000 萬元，甚至更多。但這些數據怎麼算出來的？每個人對退休的需求不同，你該怎麼評估自己退休到底需要什麼？現在醫療進步，如果 65 歲退休後還有 30 年、40 年的時間要過，你要如何規畫？這些考慮都指向

一件事情：退休是一件需要全盤考量的事，不只是錢的問題而已，還有家庭、健康……等因素。

你會怎麼勾勒你的退休藍圖？在經濟上，你應該是財務無虞的，也就是退休後的收入可以支應退休生活所需。除此之外，你可能需要學習成長，有健康的身體，才能享受愜意的退休生活，退休前是否應該培養興趣嗜好，讓退休後的生活過得充實有趣？退休前，工作上的專業就這樣拋棄其實可惜，也許可用公益方式，協助年輕人創業，做創業經營輔導？退休真的不是只需要考慮錢的問題而已，需要你靜下心來，花點時間好好想一下。

實務上，多數來找我們諮詢的客戶，對於如何做退休規畫都相當陌生。透過我們的諮詢，他們學會了如何去試算需要準備多少錢才能退休，而以他們現有的投資工具：定存、基金、保險等，可以達到怎樣的投資績效，是否可以完成他們的退休目標？如果不行，如何調整等。藉由財務規畫的協助，對退休規畫會有整體概念，也比較不會過於焦慮，所以，退休規畫其實也是需要學習的。

以前大家不太關心退休這件事情，不過現在時機點不一樣了，年金改革影響了已退休及未退休的軍公教人員，而勞保年金改革如果啟動，影響層面又更廣了。但這些都指出大家普遍面臨的問題：我的退休金要從哪裡來，光靠勞保、公教保給付的退休金夠嗎？退休金不足的部分怎麼辦？也許你該及早準備，開始涉獵一些理財相關資訊，並且運用財務規畫的方式，整理出自己的財務現況：收入、支出等，知道自己可以有多少財務資源做投資、儲蓄逐步累積出一筆退休所需的

準備金。

　　以往我雖然也在媒體專欄寫不少退休相關文章，不過跟專欄上的文章比起，本書看起來更加有系統也更深入，讓你完整了解退休相關的各個面向。也感謝高震宇先生幫忙寫有關公教年金改革等部分章節。我們盡量提供客觀、實用的資訊，希望對你的退休規畫有幫助。焦慮或逃避都不是面臨退休該做的事，透過事先的準備學習、做好完善周全的退休規畫，便能更有自信的迎接人生的另一個階段，讓退休生活過得更充實自在！

PART **1**

觀念篇

①
退休理財該如何規畫？

　　看了太多有關退休規畫的媒體報導，是否會讓你越看越模糊？退休到底該如何做準備？你會覺得摸不著頭緒是有原因的：其一是這些新聞稿多數是基金公司、保險公司、銀行等發布的消息，少數是由雜誌社等媒體做的研究。這些報導或研究報告多數是為了行銷及廣告目的，要你多買基金、保險等，內容大抵上都是告訴你：退休金應該準備多少，距離理想的退休準備還差多少，因此你必須用基金、保險等工具來做準備。他們都只聚焦在該準備的退休金多寡，**其實退休規畫需要考量得更完整，不該只著眼在錢多少的問題上，還有醫療健康、老年看護等問題也需要考慮。**

　　公教人員以往都被視為鐵飯碗，退休後可領的退休金也算優渥，因此較不用擔心這個問題。現在因為年金改革，造成公教人員退休金可能會減少三成，因此公教人員退休議題現在變得很熱門，對此，我們會有專門的章節討論，在此先以一般民營企業員工為例，來探討退休規畫相關問題。

討論退休議題時，會有以下幾項假設：

退休後會活多久？

在醫療的進步下，人越活越長壽已經是趨勢，內政部 2017 年 9 月公布「105 年簡易生命表」，台灣民眾的平均壽命為 80 歲，其中男性 76.8 歲、女性 83.4 歲。在這篇文章〈台灣人，為什麼你害怕「長命百歲」？〉前衛生署署長、台灣高齡化政策暨產業發展協會理事長楊志良指出，台灣平均餘命不斷增加，現已有六成人口可以活到 80 歲以上，其中有 25％的人可活到 90 歲。據報導，美國社會安全局的精算數據顯示，目前 65 歲的美國女性中，預計會有 39％的人能活到 90 歲，男性則有 29％。面對長壽人生，我們是必須對未來有所打算和計畫。

退休後的存活年數，是我們不能控制的。一般退休後的存活年數多半是用 20 年預估，也就是 65 歲退休預估活到 85 歲。但如果有六成人口可以活到 80 歲以上，其中又有 1/4 的人可活到 90 歲，過去對於退休規畫只準備到 80 歲的想法，必須有所改變。當我們有機會活到 90 歲甚至更久時，那意味著我們的退休金需要再多準備 10 年、15 年。

退休後需要花多少錢？

要計算退休後需要花多少錢有以下兩種方式：1. 用所得替代率來

估算。2.用實際退休後可能的花費金額及項目推估。

1. 用所得替代率估算

這種估算方式是以**退休前收入的 7 ～ 8 成做基準**，估計退休後應該需要的退休生活費。

假設一個人現在 48 歲，月薪 80,000 元，新制退休金實施時 35 歲，沒有舊制退休金，再工作 17 年至 65 歲退休。如果退休金所得替代率 8 成是 64,000 元，從勞保局的網站試算，他到時可領到的錢如下：

新制退休金 19,821 元＋**勞保老年年金** 29,816 元＝ 49,637 元
49,637 元／ 64,000 元＝ 77.6%

　　這時他所需要的 8 成所得替代率金額 64,000 元已經完成了 77.6%，這樣計算對嗎？

↓ 勞工個人退休金試算表（勞退新制）

個人目前薪資（月）：	80,200	元
預估個人退休金投資報酬率（年）：	3	%
預估個人薪資成長率（年）：	3	%
退休金提繳率（月）：	6	%
預估選擇新制後之工作年資：	30	年
預估平均餘命：	◉20年 ◉24 年	
結清舊制年資移入專戶之退休金至退休時累積本金及收益：	0	元
試算　　重算　　計算明細		
預估可累積退休金及收益：	4,076,000	元
預估每月可領月退休金：	19,821	元
預估每月可領月退休金之金額佔最後三年平均薪資比例：（所得替代率）	10.80	%

勞保局／勞工個人退休金試算

（勞保局網站截圖）

↓ 老年年金給付試算

出生年度：$\boxed{69}$ 年

年齡：$\boxed{65}$ 歲 $\boxed{0 \updownarrow}$ 個月

最高60個月之平均投保薪資：$\boxed{45800}$ 元

參加保險年資：$\boxed{42}$ 年又 $\boxed{0 \updownarrow}$ 個月(保險年資滿15年以上，始可請領年金給付)

$\boxed{\text{試算}}$

勞保局／老年年金給付試算

＊＊＊＊＊＊＊＊＊＊＊＊＊＊＊＊＊＊＊＊＊＊＊＊＊＊＊＊＊＊＊＊＊＊＊＊＊

可請領老年年金給付(以下兩式擇優發給，請參考)：

第一式計算金額：$\boxed{17908}$ 元。

第二式計算金額：$\boxed{29816}$ 元。

※第一式：(保險年資x平均月投保薪資x0.775%+3000元) x (1+增給比例或1-減給比例)。

※第二式：(保險年資x平均月投保薪資x1.55%) x (1+增給比例或1-減給比例)。

※保險年資未滿1年者，依實際加保月數按比例計算，未滿30日者，以1個月計算。

（勞保局網站截圖）

以上這樣的算法有何盲點？

⊙沒有考慮到通貨膨脹因素

　　現在的 80,000 元不等於 17 年後的 80,000 元，因此不能用現在的薪水去推算所得替代率。因為物價會變動，若沒有把通貨膨脹因素考量進去，用現在的物價水準去估算以後需要的退休金，會發生退休準

備不足的狀況。以下這張周胖子餃子館在 1965 年的菜單，10 顆牛肉水餃的價錢是 4 塊錢，但現在台北市一顆水餃是 6 塊起跳，這就是通貨膨脹。你的錢會因為通貨膨脹的影響，購買力越來越弱。如果現在做的退休規畫都是 15 年、20 年之後的，而沒有一併考量通貨膨脹因素，就會低估了日後所需要的退休金金額。

1965年菜單

Fatty Chou's Dumpling House
周 胖 子 餃 子 舘
7, Lane 114, Chung Hua Road　中華路一一四巷七號
Hours: 11 am to 2 pm; 4:30 pm to 9 pm

　　This is an excellent little restaurant demonstrating the kind of food the northern Chinese eat when they want a snack or a simple meal that goes with rice wine or Chin Men Kao Liang (金門高粱) Sorgum Liquor. You should try both of these varieties during your stay in Taipei.
　　Since Chou's is a snack type restaurant, it is especially difficult to recommend a menu but nevertheless, I'd try:

			NT$
Soya cured pork	small 12, large 醬肉		20
baked sesame roll	for one 燒餅		1
plate of 10 beef dumplings 水餃			4
onions & sauce	per dish 蔥醬		1
onions & beef	small 18, medium	蔥爆牛肉	26

（照片取材自網站 Taipei Signal Army）

　　那麼，該怎麼計算退休準備金？

　　假設通貨膨脹是每年 3％，17 年後，物價會比現在貴多少？

1.03 的 17 次方：$1.03^{17} = 1.6528$

80,000 元 ×1.6528 ＝ 132,224（17 年後的 13.2 萬相當於現在的 8 萬）

132,224 元 ×0.8 ＝ 105,779 元（所得替代率 8 成的金額）

49,637 元／105,779 元＝ 47%（新制退休金＋勞保老年年金加起來等於所得替代率的 47%）

每月退休金不足金額：105,779 元－49,637 元＝ 56,142 元

因此，要正確推算該準備多少退休金，應該用退休前經過通膨調整後的預估薪水 132,224 元去算所得替代率的金額，而不是用現在的 80,000 元去算。

⊙你的退休金其實跟不上通膨的速度

　　勞工退休可領的錢有以下兩種：

　　a. 勞保老年年金

　　b. 新制退休金

　　第一種是因為有投保勞保，退休後可領回。新制退休金是雇主依照個人薪水，每月提撥 6％進你的勞退帳戶所累積而來的，而這兩種錢又是怎麼來的？（在此我們只討論月領退休金的方式，暫不考慮一次單筆領退休金的方式）。

a. 勞保老年年金給付：

其計算公式依下列兩種方式擇優發給：

① 平均月投保薪資 × 年資 ×0.775% + 3,000 元
② 平均月投保薪資 × 年資 ×1.55%

平均月投保薪資是投保期間最高 60 個月投保薪資的平均，這裡的月投保薪資多寡，會牽涉到你屆時領的年金金額。月投保薪資則是根據勞保局「勞工保險投保薪資分級表」，上面的投保薪資從 22,000 元到 45,800 元，最高也只有到 45,800 元。投保薪資越高，當然到時領的老年年金就會比較多，不過不管薪水多高，最高也只能投保到 45,800 元。而這項投保薪資上次調整的時間是 2015 年 12 月 11 日，把原本最高的 43,900 元往上調到 45,800 元，在那之前，勞保月投保薪資上限已近 10 年沒有調整了。

b. 新制退休金

計算公式：（提繳工資 ×6% ×12 個月 × 提繳年資）+ 投資累積收益

新制退休金的 6% 要提撥多少，是依據勞退月提繳工資分級表，上限是 150,000 元，也就是雇主最高每月可以提撥 6%（9,000 元）進入你的勞退帳戶。在計算退休後可以領取的勞保老年年金給付與新制退休金時，實際上可以領到的退休金根本趕不上通膨速度，因為平均月投保薪資可能 10 年才調高一次。

例如第 20 頁圖所算的勞保老年年金給付，預計在 65 歲退休時會領到 29,816 元，現在你可能覺得很多，但如果了解它是 30 年之後的 29,816 元，可能就笑不出來了，因為如果把通膨（假設每年 3％）算進去，這個金額只相當於現在的 12,284 元。30 年期間月投保薪資應該會再調高，不過如果 10 年調整一次，每次又只調高數千元，其實並沒有太大的差別。

2. 用實際退休後可能的需求推估

如果只是用所得替代率來估算所需的退休金準備，就會太過簡化，而沒有考慮到家庭個人的財務狀況與需求。退休生活需要考量的面向很多，絕對不是只有錢的問題而已，最好能配合個人家庭財務狀況與需求做全盤考量。

個人家庭財務狀況包括：退休的收入、支出，是否還有財務上的負擔（子女出國留學、房貸、信貸等負債支出，或是負擔其他家庭成員生活費等）；居住地的選擇（是否搬遷至不同地點）；退休後生活的安排：娛樂、社交、學習，再度就業，甚至有可能創業等，這些都會跟你的退休準備有關。

可以利用以下的退休支出、收入預估表，估算一下退休後還有多少支出及收入，退休後的收入減掉支出，就是你的退休金缺口，這會比單純用所得替代率來算退休需要準備多少錢更準確。

↓ 退休支出、收入預估

名稱	月支出	名稱	月支出
房 屋		**個人支出**	
貸款		理髮	
租金		洗衣	
維護費		健身	
食		其他	
伙食		**交 通**	
住		維修費用	
水電		加油	
瓦斯		停車	
網路		搭大眾運輸工具	
電話			
衣		**旅 遊**	
買衣服		旅遊度假	
稅			
所得稅		**娛 樂**	
房屋稅		外食	
其他		興趣嗜好	
保 險		電影戲劇	
壽險		其他	
車險		**公 益**	
意外險		捐贈	
其他			
貸 款			
汽車貸款			
信用卡			
信用貸款			
其他			
總共月支出金額：			
A. 通貨膨脹調整系數調整後金額：			

（接下表）

（續上表）

資產價值

房屋市價	現金儲蓄
房屋貸款金額	投資資產價值
房屋淨值	保險現金價值

預計退休後月收入			
項 目	月金額	項 目	月金額
勞保老年給付		保險給付 （年金儲蓄險）	
勞工新制退休金		投資資產提領	
公教保險退休金		被動收入 （租金、利息等）	
其他			

B. 總共月收入金額：

C. 退休後財務平衡：（C＝B-A）

| 可以平衡 | 尚有缺口 |

通貨膨脹調整系數

　　計算通膨影響下物價上漲程度，以現在的物價乘以該年度通貨膨脹調整系數，就是到時的預期物價。例如：一杯咖啡 100 元，在 3％ 通膨下，20 年後可能變成（參考下表）：

$100 \times 1.8061 = 181$ 元

通貨膨脹率	通貨膨脹調整系數／年期				
	10 年	15 年	20 年	25 年	30 年
2%	1.2190	1.3459	1.4859	1.6406	1.8114
3%	1.3439	1.5580	1.8061	2.0938	2.4273
4%	1.4802	1.8009	2.1911	2.6658	3.2434

②
一般勞工可領到哪些退休金？

　　一般民營企業勞工退休到底可以領到什麼錢？通常可分為**勞保老年給付**及**勞工退休金**兩個區塊。勞保老年給付是因為投保勞保，在**年滿 60 歲後**所提供的。而退休金分勞退舊制與新制退休金，舊制是雇主依每月薪資總額，提撥 2％～ 15％至企業勞工退休準備金專戶，**滿 55 歲以上**才能領取，但前提是退休時公司還存在、沒有倒閉，才能領到退休金。也因為這樣的不確定性太高，勞工在企業辛苦打拚一輩子，最後卻可能因為企業歇業、倒閉，而完全領不到退休金，因此 94 年 7 月 1 日才有新制退休金的實施。

　　若要申請舊制退休金，必須在**同一事業單位**達到以下這些條件之一：

1. 工作 15 年以上年滿 55 歲。

2. 工作 25 年以上。

3. 工作 10 年以上年滿 60 歲。

　　注意：重點是要在**同一事業單位**做到退休才領得到，中間離職就領不到了，這在現在多變的就業環境中，還真是一項不可能的任務。

　　為了解決舊制退休金的問題：風險太高，例如雇主惡性倒閉或脫產，導致勞工領不到退休金，以及帳戶不是可攜式，換工作退休金累積就中斷等。因此在民國 94 年 7 月 1 日才實施了退休新制，新制退休金是每月雇主按照個人薪資的 6％，提撥到你的退休金個人專戶，滿 60 歲領取。勞退新制的帳戶可以隨勞工移動不受雇主限制，因此在退休前換幾個工作都沒關係，只要有在工作，雇主按規定就必須為你提撥到這個帳戶內，帳戶內之提撥金及產生的投資收益，視為勞工退休金。

　　雖然跟舊制比起給付變少了（舊制退休金的算法是：退休金＝基數乘以退休前 6 個月的平均月薪，年資前 15 年，每年算 2 個基數，之後是一年一個基數，所以一年可以拿平均月薪的 1 ～ 2 倍，而現在新制退休金每月 6％，相當於一年拿月薪水約 7 成）。

　　除了舊制與新制退休金外，勞工退休還有一種錢可以領，叫勞保老年給付。勞工因為有投保勞工保險到達一定年資，就可以請領按月領的老年年金給付或老年一次金給付。

勞退金與勞保老年給付有何不同？

　　據勞保局網站內容：「勞工退休金是依據『勞基法』規定，當勞工退休時，雇主應給予的退休保障，屬於雇主對員工的一種法定責任；而勞保老年給付則是根據『勞保條例』所提供的一項社會保險給付，勞工只要依規定繳交保險費，當符合一定條件時，便可向勞保局提出

申請。勞退金保障的是『受僱勞工』，而勞工保險除了受僱勞工外，無一定雇主或自營作業的勞工也都能參加。」

此外，勞保局網站對勞保年金有以下說明：「98 年 1 月 1 日勞保年金施行後，老年給付分 3 種給付項目：1. 老年年金給付；2. 老年一次金給付；3. 一次請領老年給付。97 年 12 月 31 日之前有勞保年資者，才能選擇一次請領老年給付；98 年 1 月 1 日勞保年金施行後初次參加勞工保險者，不得選擇一次請領老年給付。」

分別說明如下：

1. 老年年金給付：被保險人合於下列規定之一者，得請領老年年金給付：年滿 60 歲，保險年資合計滿 15 年，並辦理離職退保者。請領年齡自 98 年至 106 年為 60 歲，107 年提高為 61 歲，109 年提高為 62 歲，111 年提高為 63 歲，113 年提高為 64 歲，115 年以後為 65 歲。

2. 老年一次金給付：年滿 60 歲，保險年資合計未滿 15 年，並辦理離職退保者。

3. 一次請領老年給付：被保險人於 98 年 1 月 1 日勞工保險條例施行前有保險年資者，於符合上述規定之一時（同 1. 老年年金給付），亦得選擇一次請領老年給付。

↓ 勞工退休可能領到的三種錢

	勞退舊制	勞退新制	勞保老年年金給付
說明	雇主依每月薪資總額提撥 2%〜15% 至企業勞工退休準備金專戶	94.7.1 起雇主每月提撥勞工薪資 6% 至勞工退休金個人專戶，勞工退休後可按月提領或一次領取	勞工每月薪資按勞保費率（現行 10%）提撥至勞工保險基金（繳費比例：雇主 70%，勞工 20%，政府 10%），勞保局負責運作勞保基金，符合條件請領老年給付
申請條件	滿 65 歲強制退休，自願退休：年資 15 年 55 歲，或年資 25 年，或年資 10 年滿 60 歲	年滿 60 歲，工作年資滿 15 年領月退休金，未滿 15 年一次請領	年滿 60 歲，保險年資 15 年
每月領取	退休前 6 個月平均工資 × 基數（前 15 年 1 年 2 個基數，後面 1 年 1 個基數，最高 45 基數）	（提繳工資 ×6% ×12 個月 × 提繳年資）+投資累積收益	投保期間最高 60 個月， 1. 保險年資 × 平均月投保薪資 ×0.775%＋3000 元 2. 投保薪資平均 ×1.55% × 年資

　　以上三種退休金你會怎麼領？一般人是領新制退休金加勞保老年年金，但也有可能三種都有，因為新制退休金是 94 年 7 月 1 日才實施，如果你是那時之前就已經在工作了，你當時會有以下幾種選擇：

　　1. 沿用舊制退休金，不參加新制

　　2. 舊制退休金的年資保留，94 年 7 月 1 日起改參加新制退休金

　　3. 舊制退休金的年資結清，94 年 7 月 1 日起改參加新制退休金

　　在以上幾種選擇下，你可以領到哪些退休金？

　　狀況 1：舊制退休金＋勞保老年年金（如果還在原公司工作到退休）

　　狀況 2：舊制退休金＋新制退休金＋勞保老年年金

　　狀況 3：新制退休金＋勞保老年年金

什麼是結清？

舊制退休金的計算，是按照年資乘以退休前 6 個月平均工資來計算。前 15 年的工作年資，每滿 1 年給予 2 個月平均工資，15 年以後的工作年資，每滿 1 年給與 1 個月平均工資。舉例：如果這個人在公司工作 30 年後退休，退休前 6 個月平均工資是 10 萬：

年資基數：15 年 ×2 ＋ 15 年 ×1 ＝ 45（基數）
舊制退休金：10 萬 ×45 ＝ 450 萬

結清指的是雇主在勞工還沒退休前，就他已經累積的年資，先給付退休金，以後雇主就不用再就這期間的年資給付勞工退休金了。

94 年 7 月 1 日新制退休金實施時，有些企業可能會選擇與勞工把舊制年資先做結清，如果要結清舊制年資，須勞工與雇主雙方合意才可。結清舊制年資的退休金（以下簡稱結清金），應按照勞基法的退休金給與標準辦理，雇主應在 30 日內一次發給勞工結清金，不得以分期給付或其他方式辦理。

勞工與雇主約定結清舊制年資之結清金，其所有權屬於勞工，勞工可選擇領取現金或移入勞保局之勞工退休金個人專戶，如勞工決定將結清金移入勞保局之勞工退休金個入專戶，必須要等到年滿 60 歲時才可以請領。

③ 勞保到底會不會倒？ 你的退休金會不會領不到？

一般上班族時常在媒體看到勞保會有破產危機，擔心自己辛苦工作一輩子，會不會連退休金都領不到？其實勞工退休時領的錢有兩種，分別是勞保和勞退，兩種不一樣。勞保指的是退休後就可以透過勞保領到「勞保老年年金」，勞退指的是「新制退休金」，是每月雇主按照薪資的 6％，提撥到退休金個人專戶，滿 60 歲領取。其實**有關勞保財務有問題的報導，指的都是勞保老年年金，新制退休金不會有這種問題**。

先來了解一下，不管是你繳的是勞保費，或是雇主幫你提撥 6％ 的新制退休金是怎麼投資運用的，勞動部主管之勞動基金包括：新制勞工退休基金、舊制勞工退休基金、勞工保險基金、就業保險基金、積欠工資墊償基金及職業災害勞工保護專款。勞動部之下有一個勞動基金運用局，專門在辦理各基金之投資政策、資產配置、年度運用計畫、投資執行、委託經營等，其中舊制勞工退休基金則另委託台灣銀行管

理部分自營投資業務。依據勞動部資料：勞動基金規模逐年穩定成長，尤以新制勞工退休基金自 94 年成立以來，基金規模持續穩定每年以千億元速度增長。截至 106 年底，整體勞動基金規模已達 3 兆 6,288 億元，其中新制勞工退休基金、舊制勞工退休基金、勞工保險基金專款規模分別為 1 兆 8,984 億元、8,687 億元、7,231 億元。

　　截至 106 年 12 月底止，舊制勞工退休基金自 75 年 11 月成立以來，累積收益數 3,628 億元，收益率 3.94％；勞工保險基金自 84 年 7 月（與健保分戶）以來，累積收益數 3,746 億元，收益率 3.84％；新制勞工退休基金自 94 年 7 月成立以來，累積收益數 3,769 億元，收益率 3.80％。（資料來源：勞動部歷年經營概況）

　　（註：勞保老年年金就是來自於勞工保險基金。）

勞動部

新制勞工退休基金如何投資？

　　勞動基金運用局的資料顯示，新制勞工退休基金投資的資產配置比例與金額如下表：

↓ **新制勞工退休基金資產配置**（截至 107 年 4 月底，單位：新台幣／元）

項目	餘額	占基金運用比例（％）
自行運用	874,979,982,631	44.01
轉存金融機構	405,055,484,837	20.37

（接下表）

（續上表）

短期票券	48,496,976,890	2.44
公債、公司債、金融債券及特別股	163,010,108,551	8.20
股票及受益憑證投資（含期貨）	79,008,020,987	3.97
國外投資	179,409,391,366	9.03
固定收益	121,640,437,129	6.12
權益證券	27,619,252,797	1.39
另類投資	30,149,701,440	1.52
委託經營	1,113,061,080,709	55.99
國內委託經營	284,236,534,608	14.30
國外委託經營	828,824,546,101	41.69
固定收益	209,695,298,184	10.55
權益證券	432,492,556,681	21.75
另類投資	186,636,691,236	9.39
合計	1,988,041,063,340	100.00

如果再把它做個整理，大致可分類如下表所示的比例：

存款／票券	22.81%
債券	8.2%
固定收益	16.67%
股票	3.97%
證券	37.44%
另類投資	10.91%
合計：	100%

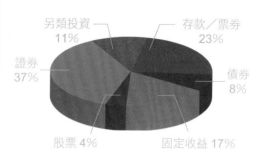

↓ 新制退休金資產配置（截至 107 年 4 月底）

另類投資 11%
存款／票券 23%
證券 37%
債券 8%
股票 4%
固定收益 17%

（資料來源／ifa-cfpsite.com）

　　從以上這資產配置的比例可以發現，有48％的比例是放在存款、票券、債券、固定收益等這幾類相對保守、報酬率相對偏低的類別上。

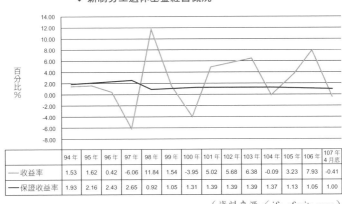

↓ 新制勞工退休基金經營概況

	94年	95年	96年	97年	98年	99年	100年	101年	102年	103年	104年	105年	106年	107年4月底
收益率	1.53	1.62	0.42	-6.06	11.84	1.54	-3.95	5.02	5.68	6.38	-0.09	3.23	7.93	-0.41
保證收益率	1.93	2.16	2.43	2.65	0.92	1.05	1.31	1.39	1.39	1.39	1.37	1.13	1.05	1.00

（資料來源／ifa-cfpsite.com）

　　以上資料來自勞動部的新制勞工退休金經營狀況，由此可以看到在13個年度（94年至106年）中，只有6個年度的報酬率是超過保證收益率的，甚至還有3個年度的報酬都是負的。

　　但即使是這樣，也不用擔心它會出問題，為什麼？

　　來看勞退新制退休金是怎麼領的，其計算方式如下：

勞退新制退休金按月領取的金額＝
（提繳工資 ×6% ×12個月 × 提繳年資）＋投資累積收益

　　依勞退新制，你到時領到的退休金，是雇主為你提撥進去的錢，

加上投資累積收益。因為它有最低保證收益率，是以銀行二年期定期存款利率計算，所以這種給付條件其實不會有太大問題。

勞退新制退休金最大的問題是：投資方式太保守，幾乎有一半的資金是放在現金存款、固定收益的標的上。除此之外，其投資運用還算滿健全的，也沒有像勞保老年年金承諾給付太多的問題，因此新制退休金的財務基本上不會有問題。當然新制退休金可領多少，還要看新制勞工退休基金投資運用的績效，以及你的薪資成長幅度而定。

為什麼勞保老年年金財務會有問題？先來看它的繳費及老年年金如何給付。

投保勞保要繳費多少？現在勞保普通事故費率 9.50％、就業保險費率 1.00％，勞工保險費分擔比例為：勞工自付 20％，雇主負擔 70％，政府負擔 10％，如果你的月投保薪資是 45,800 元：

每月要繳的勞保費：45,800 元 ×10.5% ×20% = 962 元
如果不算就業保險費，要繳：45,800 元 ×9.5% ×20% = 870 元
如果把雇主幫你繳的 70% 算進去，一個月共繳：45,800 元 ×9.5% ×90% = 3,916 元
一年繳的費用：3,916 元 ×12 = 46,992 元
35 年共繳勞保費：46,992 元 ×35 = 1,644,720 元

來看一下勞保老年年金可領多少錢：

假設你 30 歲開始投保勞保，投保年資 35 年，65 歲退休，依照勞保老年年金試算，每月將可以領取 24,847 元。

↓ 勞保老年年金給付試算

出生年度：[77] 年

年齡：[65] 歲 [0 ⬍] 個月

最高60個月之平均投保薪資：[45800] 元

參加保險年資：[35] 年又 [0 ⬍] 個月(保險年資滿15年以上，始可請領年金給付)

[試算]

＊＊＊＊＊＊＊＊＊＊＊＊＊＊＊＊＊＊＊＊＊＊＊＊＊＊＊＊＊＊＊＊＊＊＊＊＊＊

可請領老年年金給付(以下兩式擇優發給，請參考)：

第一式計算金額：[15423] 元。

第二式計算金額：[24847] 元。

※第一式：（保險年資x平均月投保薪資x0.775%+3000元）x（1+增給比例或1-減給比例）。

※第二式：（保險年資x平均月投保薪資x1.55%）x（1+增給比例或1-減給比例）。

（勞保局網站截圖）

　　如果不是領勞保老年年金，而是自己花錢買保險公司的利率變動型年金保險，可以領取多少？

　　假設王小明，30 歲，躉繳新台幣 1,000,000 元，購買了某公司的利率變動型年金保險，假設年金累積期間，第一保單年度宣告利率為 2.74％，若選擇 50 歲之保單週年日作為年金給付開始日，保證期間 20 年（假設年金累積期間及未來宣告利率均為 2.74％）。那麼購買後，日後可以領多少錢？

年齡	保單年度	年金金額			
		年給付	半年給付	季給付	月給付
50	21	69,465	34,967	17,542	5,860
51	22	69,465	34,967	17,542	5,860
52	23	69,465	34,967	17,542	5,860

如果用躉繳 1,644,720 元去估算利率變動型年金保險給付，只能拿到 9,638 元，但勞保老年年金卻可以拿到 24,847 元。由此可知，為什麼勞保老年年金會有財務危機了吧？因為保費繳得少又給付太多。

如果把一筆錢 1,644,720 元放在一個投資帳戶內，然後每個月提領 24,847 元，而且連續提領 20 年不間斷，需有多少報酬率嗎？答案是，年報酬率要 17.87％才做得到。

那麼，勞工保險基金能夠達到這樣的投資績效嗎？根據以下勞動基金運用局公布的資料：「勞工保險基金經營概況」從民國 84 年到 106 年的 23 個年度中，只有 98 年有 18.21％的報酬，其中有 10 個年度的績效連 5％的報酬都不到。

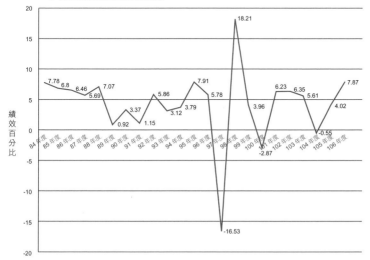

↓ 勞工保險基金經營概況

（資料來源／ifa-cfpsite.com）

勞工保險基金
經營概況

　　所以，如果你是一般勞工，退休金來自於勞保老年年金給付及勞退新制退休金，在現在年金改革的浪潮下，未來可能的發展是：**勞退新制退休金不會改變，但是勞保老年年金給付可能會被調整降低給付金額**。因此在估算退休後從勞保可以領到多少錢時，要做比較保守的估計，以免到時退休後實際領到的錢，跟原先的期望落差太大。

勞動基金運用局／
各基金投資運用情形

④
退休規畫的迷思

「退休規畫？太遙遠了吧，那是 30 年後的事耶，等我先賺多一點錢再說。」

「退休要設立一個獨立帳戶存錢，怎麼可能？我先買房子、把小孩送出國念書再說。」

「開什麼玩笑？一年投資報酬率 7％？那叫退休金規畫？我隨便買個股票一天就可以賺 20％了」……

一般人沒有開始做退休準備的原因不一而足。當我們有些工作要去完成時，通常會設定最後完成的時間點：明天完成這件事、下週前做完那件事等，但很少人會把退休規畫排入人生優先處理的順序名單中，甚至可能永遠排在名單中的最後一項，你如果也是這樣，小心陷入以下這些退休規畫的迷思裡。

永遠不會有最好的存錢時機？

當你大學畢業後開始工作，可能還要繳助學貸款，這時就要你開始把部分薪水存入退休金戶頭用來做投資，在你的預算分配上看起來是非常奇怪的事，它的優先順利永遠排在最後幾名。等 7、8 年過去，你正好在等待升遷，在那之後換了更好的租屋、買了新車，等到下次升遷加薪時，又有新的目標：結婚、買房子……這些財務目標看起來都非常重要，且需要馬上完成，於是，開始存錢做退休規畫這件事就一直被延遲，你永遠會有新的財務目標，但你也一直在損失時間所能帶給你的「時間紅利」。

等有錢再來做？

沒有人規定一定要在年輕的時候就開始做退休規畫，你當然也可以等到 40、50 歲才開始做，但這個耽擱最大的代價就是：無法利用時間所帶來的紅利效果——時間越長，每年複利增值的效果越明顯。假設立傑從 25 歲開始，每個月在他的退休投資帳戶存入 3,788 元，如果年複利報酬率 7%，那他在 65 歲退休時將可以累積到 1,000 萬退休金。但曉莉到 45 歲才開始做退休規畫，如果報酬率一樣，她也要在 65 歲退休時存到 1,000 萬退休金，這時她必須每個月存 19,085 元，這樣的金額是立傑每月投資金額的 5 倍多。而一樣累積到 1,000 萬退休金，曉莉總共要投入 4,580,400 元，是立傑 1,818,240 元的 2.5 倍，立

傑總投資金額較曉莉少，結果卻跟她一樣多，靠的就是更長時間的複利效果所帶來的時間紅利。

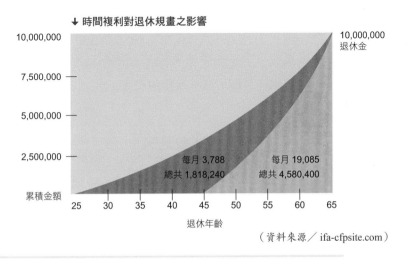

↓ 時間複利對退休規畫之影響

（資料來源／ ifa-cfpsite.com ）

股票、不動產的投資效益比較高，不需要退休規畫？

很多人對自己的投資成效非常有自信，認為只要每天股票一次進出就賺了 50％以上，或是不動產投資 4、5 年下來，動輒都是翻倍成長。對於固定把資金放入一個單獨的退休帳戶內，每年投資報酬率可能只有 7％、8％的成長覺得不屑一顧，但這樣的結果其實是：把投資跟退休財務規畫混為一談。

退休規畫需要一個獨立帳戶來做長期性準備，它的資金應該是跟生活費、短期投資等資金分開管理，正因為是長期性的規畫，利用時間所帶來的複利效果，以較少的成本就能達到退休所需的資金準備。

你可以有一部分資金是用來做股票、不動產等短期投資，但另外也應該準備一個退休規畫的獨立帳戶，持續規律的進行退休投資規畫。短期的投資與長期性的退休規畫，所需要的投資管理策略、投資標的等可能都不一樣，如果把這兩者混為一談，可能會發現長時間進出股市或其他投資，最後並沒有為退休準備留下多少錢，原因可能是投資最後沒賺錢，或是即使賺到錢，錢又挪作他用了。

平日花費就很省，退休後會更省？

如果你平常有記帳的習慣，會很清楚自己每個月的開銷是多少。如果沒有，就應該花點時間了解每月的開銷有多少，如此一來退休後生活費的估計會比較準確。如果你不清楚要整理哪些資料，可以連結 QR Code 網頁下載。

明智理財網

退休後的花費真的會更省嗎？那可不見得！當然退休後的花費項目與額度跟現在一定有些變化，例如你的房貸可能繳清了，支出少了房貸這個項目；收入可能增加了勞退新制的退休金與勞保老年年金這兩項；因為工作而產生的開銷可能降低或甚至沒有了，例如：交通費、交際費等；但有些項目反而會增加開銷，例如：醫療費用、看護費用等。你應該對每個項目做個合理的預估，會比完全沒有概念或過度樂觀好，才不會認為退休後花費一定比現在省很多，以致忽略了退休規畫的重要性而沒有預作準備。

根據美國員工福利研究機構所發表的〈2014 年退休信心調查〉

（EBRI）指出，是否做退休規畫跟退休信心有很大的關係。在回答是否對以後的退休生活有信心時，回答很有信心的人中，有做退休規畫的有 24％，沒做規畫的只有 9％；而回答大概有信心的，有做退休規畫的有 48％，沒做規畫的只有 19％。可見能未雨綢繆、即早準備，讓自己不再憂慮是否可以安穩退休是相當重要的。

退休後只要顧好自己就好了？

也許你認為退休後只要顧好自己或是夫妻生活就好了，事實是，當你退休時，你的父母親也正好是年邁的時候，他們可能會罹患失智症或其他疾病，需要看護、醫療等，而這都是在你退休生活費之外的開銷，必須要為這部分預先做準備。

退休後投資資產只要維持債券的部位就好了？

有一種說法是：你的年齡就是應該持有債券的比例，例如你是 65 歲，你的投資資產應該有 65％在債券，甚至退休後，債券就是需要全部持有的部位。不過在目前低利率的環境下，如果持有長年期債券，未來升息後將會發現，現在持有的債券已不再有吸引力。因此你的投資組合內，還是必須保持部分的投資資產是風險等級較高的投資資產，為你帶來更好的投資報酬率。

退休後只要有全民健保就夠了？

　　根據衛生福利部的調查，2014 年失能率是全人口的 3.28％，占老年人口的 16.50％，2014 年全人口失能人數 74 萬人，各年齡層的失能比率：65 歲以上是 7.63％，75 歲以上是 23.19％，而 85 歲以上是 56.23％。老年人有可能因為失能、失智或是健康問題需要長期看護，而看護的費用並不便宜，本國看護工每月 3 到 4 萬元，如果是 24 小時看護，費用更是高達一個月 6 ～ 9 萬元，長期看護需要的器材諸如輪椅、電動床、氣墊、衛浴設備等，也都是不小的開銷。

　　長期看護不只是金錢上的負擔而已，據統計長期照護的對象有 66％是由家人或親屬照顧，甚至必須辭去工作，擔任此照護工作，如此一來，少了薪水收入，又增加了長期照護的醫療支出，對於家人來說都是沉重的負擔。

　　考慮退休規畫時，要做準備的不只是退休生活費的支出而已，也許退休後交通、生活費等會降低，但是其他額外的支出：如長期看護、醫療費用等的支出卻會增加，做退休規畫時應該考量更廣泛的層面預作準備，讓自己可以過一個快樂有尊嚴的退休生活。

⑤
是否該等孩子大了再來做
退休規畫？

　　人生有很多不同階段的財務目標要一一完成：購屋、子女出國留學……等，你有想過這些目標要怎麼完成嗎？是否打算先等小孩念完書，再來準備退休金？

　　美國線上資產管理公司 Personal capital，曾做過一份名為「富裕家庭財務調查報告」，訪問了 1,001 位 18 歲以上、富裕的美國千禧世代（指 1980 年到 2000 年中期出生的世代）父母親，他們的總投資資產大於 50 萬美金，調查他們對於為子女存大學教育基金的看法。

　　報告指出：70％的千禧世代父母表示，他們準備為下一代提供無前例及為期更久的財務支援，以優先順序而言，準備子女的大學教育基金，比準備自己的退休金還重要。有 40％的父母親表示，他們並沒有一個單獨的退休帳戶，所以可能還要再工作 15 年，這意味著他們可以儲存的退休金金額大概會少於 45 萬美金。

　　10 對父母中有 9 對父母說，小孩會期望父母幫忙付大筆的金額：

比如教育費、婚禮，或是買房子的費用。教育方面，他們希望為小孩支付 10 萬美金或更多錢。有趣的是：父母擁有資產的多寡，影響到他們是否跟孩子談論財務方面的事。只有半數父母表示，小孩知道他們的薪水，不到 47％的父母說，小孩知道他們的資產有多少。97％富裕的千禧世代父母，預計要為子女留下超過 10 萬美金的遺產，千禧世代對自己還有他們的小孩會有更多期待，財富越多期待越高。

　　報告中提到，40％的父母心目中，只想到子女的大學教育，完全沒有考慮到自己的退休金規畫，這是一件相當奇怪的事，因為子女求學只是階段性的幾年，而退休生活卻可能是長達幾十年的時間。也許子女出國留學到時候可申請就學貸款或獎學金，但如果沒有準備足夠的退休金，將來會造成更大的問題。

　　到底要準備多少子女教育基金？它跟退休規畫有沒有衝突？有以下幾點值得探討：

需要存國內教育費，還是出國留學費？要準備多少？

　　如果只是國內的基本教育費用，比較不是問題，因為從小學到大學時間拉得很長，教育費用的支出分散在 16 年的時間，不是短期內就要支出一大筆錢，因此一般父母比較不會為這個特別存教育基金，反而是出國留學，因為是短期而且金額大，才需要提早做準備。

　　到底教育基金要準備多少？一般來說，準備 5、6 百萬台幣是基本的，例如以加州大學河濱分校 UCR 來說，它是公立研究型大學，同時

也是加州大學系統的十大校之一，根據 US News & World Report 的全美研究型大學排名，UCR 排在第 118。一個學季（Quarter）的學費是美金 18,000 元，一年有 3 個學季，兩年的學費是美金 108,000 元。生活費（買車另計）一個月大約美金 2,000 元，兩年約需美金 48,000 元。兩年下來，如果沒有拿到獎學金，大約要花美金 156,000 元，約台幣 470 萬。

離退休還很久，先存子女教育基金比較重要？

子女教育基金怎麼存？這兩個目標其實可以一起規畫，例如俊宏 25 歲，婚後夫妻倆跟財務顧問討論後，兩人每月可以拿出 15,000 元投資。財務顧問建議把錢做長期穩定的投資，如果以年報酬率 6％試算，假設在第 24 年與 25 年，各提領出 300 萬做為子女出國費用，但

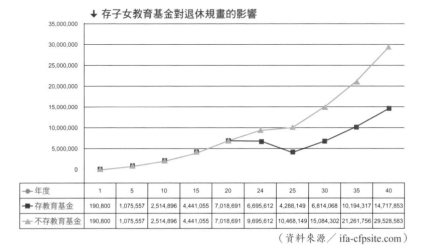

↓ 存子女教育基金對退休規畫的影響

年度	1	5	10	15	20	24	25	30	35	40
存教育基金	190,800	1,075,557	2,514,896	4,441,055	7,018,691	6,695,612	4,288,149	6,814,068	10,194,317	14,717,853
不存教育基金	190,800	1,075,557	2,514,896	4,441,055	7,018,691	9,695,612	10,468,149	15,084,302	21,261,756	29,528,583

（資料來源／ifa-cfpsite.com）

是每月 15,000 元的投資一直沒有中斷，如此一來，到 65 歲退休時，如果子女有出國念書，退休金會有 1,472 萬，若中間沒提領 600 萬，則退休金會累積到 2,953 萬。由此例來看，有沒有存教育基金，兩者到 65 歲退休時存下的退休金差了快一倍，中間雖然只有提領了 600 萬，但最後的金額卻少了近 1,500 萬，差距可是不小。

子女教育基金和退休金這兩個項目都很重要，都需要事先準備。而且子女教育基金的準備比較有彈性，退休金規畫卻沒有，等到你退休時，已經沒有工作且收入中斷，必須靠退休前就已經做好的退休金準備度過退休生活。但是子女教育基金卻可以申請貸款、獎學金，或選擇學費比較省的學校，甚至讓子女負擔一部分等方式彈性處理。

財務目標規畫一生的路徑，退休與子女出國留學等，都是一生中需要規畫的財務目標，不要顧此失彼。

6 退休金提領策略： 退休投資年金化思維

　　退休金要怎麼運用，才能讓你在退休後每年都有生活費可用？

　　有人主張退休金需要的是穩定，所以應該全部放定存，但是以現在的低率環境：三年期定存利率不到 1.5％，3,000 萬定存一年只有約 45 萬的利息。如果只靠這樣的利息過活，退休生活品質可能不佳，這樣一大筆錢放在一個連通膨都無法打敗的定存帳戶，實在不是一個好主意。所以，退休後將部分退休金拿來做投資還是需要的。

　　很多人認為，因為退休後沒有收入，所以不能承擔風險，但這樣意味著必須把所有退休金放在銀行存款內，完全不做投資嗎？我們不妨假設：你有一筆 1,000 萬，可以把它放在利息 1％ 的銀行存款，也可以用來投資，但在此同時，你要每個月從中提領一筆錢當退休生活費，在不同的年期與報酬率下，每個月可提領多少錢，到最後把這筆錢用完？

　　經過試算，可以看到在銀行存款利息 1％ 的狀況下，每月可以領

59,800 元，但如果報酬率達到 6％，每月幾乎領取一樣的金額，但維持的時間卻可以從 15 年拉長到 30 年，所以退休後還是必須持續投資。

投報率 / 年期	15 年	20 年	30 年
1%	59,800 元	45,951 元	32,137 元
3%	68,886 元	55,321 元	42,055 元
6%	83,966 元	71,287 元	59,657 元

如何從投資中提領退休金？

美國一位財務顧問，同時也是認證財務規畫顧問 CFP 證照（Certified Financial Planner，CFP）持證人哈洛德‧埃文斯基（Harold Evensky），提出一套「三桶水」退休金提領策略，同時晨星（Morningstar）個人財務部門執行長克莉絲汀‧賓士（Christine Benz），也曾多次撰寫相關文章。

這套理論把退休金按照長中短期需求，分三個水桶代表不同時間的用途。第一個水桶：1 ～ 2 年的退休金，第二個水桶是 3 ～ 10 年的退休金，第三個水桶是 11 年以上的退休金。

「三桶水」配置退休金用途

你可以根據不同需求，做不同的投資配置、投資管理等。

　　第一個水桶是 1、2 年內就要用到的錢，因此幾乎都是現金形式，如果要再細分，可能是 1 年內要用的錢在活儲，第二個 1 年的錢在短期債券、貨幣基金等。

　　第二桶是 3 ～ 10 年內需要用的錢，這裡的配置主要以可以固定配息的標的為主。因此可能是投資等級的債券、基金、ETF（指數型股票基金）等，如果是股票，就是配息固定的傳產股、金融股等。

　　第三桶為 11 年以上的長期投資，以穩健型配置為主，例如全球型股票、新興國家等類型的標的，建議投資 ETF 可以做比較好的配置。

　　如果以退休後尚有 20 年，計算如下表：

↓ 三桶水退休金提領策略

（資料來源／ifa-cfpsite.com）

水桶	年期	比率	投資標的
水桶 1	2 年	10%	現金、短期債券、貨幣基金
水桶 2	3~10 年	40%	投資等級債券、基金、ETF、配息股等
水桶 3	11~20 年	50%	全市場配置基金、ETF

　　透過這樣三水桶法的操作，可以讓你的退休金來源兼顧穩定及投資報酬。當第一個水桶金額不夠時，由第二個水桶提領，或是每年固

定提撥多少金額進入第一個水桶。第三個水桶的投資報酬，則用來挹注第二個水桶的退休費用。如此一來，你不用把所有資金放在利率很低的定存上，而是仍然維持一半的金額在做投資，增加整體退休金的投資效益，而如果第三個水桶的金額在投資上有短期波動，也不至於馬上對你產生影響。

但要怎麼讓穩定現金流流入你的退休金現金流帳戶，來支應你的退休支出？你的退休金現金流帳戶可以規畫來自以下幾處：

1. 社會保險／公教保險／企業退休金給付
2. 固定型收益投資帳戶
3. 成長型投資帳戶
4. 保險確定給付

↓ 退休金現金流帳戶

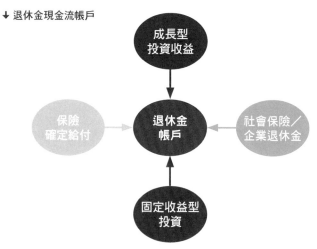

（資料來源／ ifa-cfpsite.com）

退休金現金流帳戶是一個現金存款戶頭，至少應該存有足夠你應付3年退休生活所需的一筆錢，此外，按照這樣的退休資金規畫，從以下幾個來源，也會有持續性的金流流入此一帳戶，以維持你的退休生活：

1. 社會保險／公教保險／企業退休金給付

來自勞保老年年金、勞退新制退休金、舊制企業退休金、國民年金、公務人員、教職人員退休金等來源，其中多數是月給付型式，可以為退休金的現金流提供基本的金流流入。

2. 固定收益型帳戶

這個投資帳戶的投資標80％在投資級公債、政府債等，20％在大型股股票、高收益債券等，運用債券的配息及大型股配股、配息的特性，讓這些固定收益的工具來為你的退休現金流產生穩定收益。

3. 成長型投資帳戶

這個投資帳戶的投資標的60％在股票型基金或ETF，40％在產業型投資標的：如REITS（不動產信託）、生技醫療等。預期此投資帳戶標的，每年會產生8％～10％左右的報酬。把這個報酬率提撥一部分回到退休現金流帳戶，即使碰到股市大跌，投資帳戶價值跌幅達到15％～20％或更多，也不用太擔心。因為這個帳戶總金額只占你退休投資總金額的1/3，扣除社會保險及退休金給付，它占你的退休金現金流還不到三成。這個投資帳戶如果用ETF作為投資工具，將更容易

做資產配置。例如在 60％投資標的上，可以利用全市場的 ETF 做配置，如：全球股市 ETF、新興市場 ETF、美股 ETF 等。例如買一檔 Vanguard 整體股市 ETF：VTI，就可以投資美國的中大型股，它的持有成份股包括蘋果、微軟等公司，而一檔 iShares MSCI 不含美國全世界 ETF：ACW，就可以投資在非美國地區的全球股市等。

ETF 也因為交易方便，可以單股買賣，也比較方便做資產配置的調整，例如年度結算，整體 ETF 報酬率已達到你設定的目標，可以把部分獲利贖回，讓它回到退休金現金流帳戶中。

4. 年金型商品／儲蓄險

年金型商品／儲蓄險這種確定給付，是為你的退休金現金流入購買保險，現行銷售的保單報酬率並不高，但是透過其每年或每月的確定給付，可以為你的退休金產生固定現金流入。

在以往定存利率 7％以上的年代，若有 1,000 萬元定存，每年 70 萬元的利息可能就夠應付退休生活的支出。但現在低利率環境，必須改變你的思維：退休金的運用應以穩健保守為原則，但仍需要維持部分比率在投資上，否則定存利率只有 1.5％，在通膨率 3％的狀況下，存款的實質利率是負 1.5％，意思是說，如果你的錢只擺定存，1,000 萬定存 10 年後，實質價值不但沒有增加反而貶值成了 862 萬，20 年後就只有 741 萬了。所以運用部分退休金做適當的投資，做好資產配置，可讓退休後可能長達幾十年的退休生活過得安穩舒適，財務上也更加安全無虞。

⑦
退休生活的安排

　　想到退休你會想到什麼？是自由自在從此沒有工作壓力，可以到處遊山玩水，還是突然無所事事、不知如何打發時間？有些人工作非常投入，工作就是他生活的全部，也很享受工作帶來的成就感，但退休後突然閒下來，難免有些不適應而產生失落、空虛感，甚至不知如何是好。

　　有些人可能一直在迴避退休規畫的話題，一方面認為離退休還早，不用去想那麼久以後的事，或者是覺得退休規畫這件事情非常複雜，因此不想花心思去想這方面的事。一般人 65 歲退休後，按照現在的平均壽命統計，如果活到 85 歲，退休後還有 20 年的時間要過活，難道不該好好做個規畫嗎？

　　當然，想要安穩的退休必須要財務健全，讓自己有足夠的生活費可用，甚至還有餘裕用來休閒旅遊等。建立完整的退休藍圖，財務規畫固然是基本，但還有更多層面的問題也需要一併考慮：

財務上的考量

◎清除債務

退休後照理應該是沒有什麼貸款，或其他債務上的經濟負擔了，如果還有房貸，對退休生活可是一大壓力，此時應該適當處理，如果是投資性質的不動產，也許趁早賣出，以增加現金流入，如果兒女都已成年，在家時間不長，有些人甚至考慮換小一點的房子住，這時的主要考量就要以是否有電梯方便出入、周邊生活機能是否健全等。

◎減少非必要支出

退休後的生活費因為活動減少，部分支出會相對降低，一般統計，至少會降低 28％以上的支出。一些重大的支出，如原本固定每幾年都有的房子整修、換車等重大支出，可以重新衡量是否有其必要性，以減少開支。

生活上的考量

也許以前過的是朝九晚五忙碌不堪的生活，生活中只有工作。退休後如果完全沒事做，生活會變得沒有重心，尤其是以前太過忙碌，沒有閒暇培養任何興趣嗜好，退休後時間多了，可以好好規畫一下，也許是利用以前的專長尋找一份時間較為彈性，類似顧問性質或教育訓練之類，可以傳承以前工作經驗的工作，即使收入不多，但是可以

持續跟社會保持連繫。

　　如果時間、體力許可，也可以從事社會公益活動，視
自己的能力、工作專長等，找尋自己有興趣的團體，奉獻
時間、不求回報的為他人付出、服務，也是相當有意義的
事，例如在雅虎的志工招募看板上，就可以找到相當多這
方面的資訊。

志工招募／
Yahoo 奇摩公益

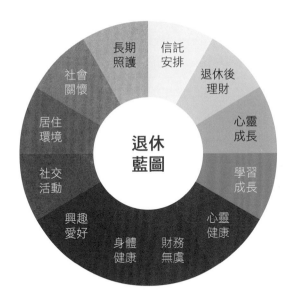

投資理財上的考量

　　接近退休時，必須調整投資的資產配置，把資金全部放定存並不
是聰明的作法，因為你的錢以現在的利率看，根本趕不上通貨膨脹物

價上漲的壓力。但是把資金全部放在原先的投資帳戶內，沒有做資產配置、適當調整投資標的也不對，因為退休後的投資理財是以產生穩定的現金流為首要目的，因此原先風險太高的投資標的都必須調整，原來的投資策略也許是股票型基金、指數基金等占資產比例60％、債券型資產比例占40％，現在可能調整為股票型20％、債券型80％，總之，退休後的投資管理必須要有不同的策略。

　　千萬不要以為以前投資都有獲利，因此覺得很放心，把所有投資資金放在同一個帳戶內。如果投資標的的相關性太高，沒有分散風險，碰到市場波動時就容易發生大幅度的資產減損狀況。要知道投資資產如果下跌40％，往後需要有67％的獲利才能彌補得回來；若下跌20％，只要有25％的獲利就可以讓總體資產回到原來的價值。

　　因此對於將會是退休後主要收入來源的投資，最好尋求財務顧問諮詢，不管是在退休前的資產累積階段、接近退休或是已經退休的投資資產配置管理方式都會有些不同。因為人生各個階段的需求不同，例如退休後，投資資產能夠創造穩定現金流就比創造獲利重要，以前還沒退休前、還在累積退休準備金階段時，因為可以承擔較大的風險，因此可以適當的運用市場波動來創造收益，退休前後的需求不同，投資資產的配置與投資管理的方式當然不同，而財務顧問的工作就是協助客戶，因應人生各個階段的財務需求目標做收支調整、投資管理建議等。

財產傳承上的考量

如果已經立好遺囑，可以趁這次機會重新檢視一下是否有需要修改的地方。現有的財產如果可以盡早安排，在時間較寬裕的狀態下，將更有利於做完整的規畫，例如以後可能的稅負大約會有多少？財產的安排是在遺囑中載明分配方式，還是現階段利用其他方式預作安排，如：設立他益信託，將部分財產轉移為信託財產，以做為特定用途的安排。例如：有人擔心房產直接贈與子女，擔心子女以後恐會不孝順、無法照顧其晚年生活，這時可以利用不動產轉換為現金、設立自益信託的方式，在生前利用此信託資產，將投資產生的資金做為退休養老之用，身後再將信託財產遺留給子女。

如果行有餘力，甚至可以將部分財產設立公益信託，選擇你希望捐助的對象（孤兒院、學校等）及資金使用方式（受捐助的單位如何利用捐助款）。你也可以當志工，協助這些公益團體運作，這樣行善助人，也可以讓退休後的生活更有意義且多彩多姿。（想了解公益信託，可掃瞄 QR Code 觀看公益信託介紹影片）

Charity Trust ／公益信託

⑧
完整退休規畫藍圖怎麼做？

　　最近的年金改革影響範圍很廣，軍公教人員都面臨退休金可能都減少 3 成以上的問題。以前公教人員對於財務規畫的需求不高，因為他們有不錯的退休金可以領，但是公教人員現在也必須開始認真學習理財投資了。

　　在〈退休需求要一直提醒〉這篇報導（如下 QRCode）中指出：「星展銀行調查的亞洲退休指數中，53％的台灣受訪者，未曾積極規畫退休生活，但是印度、印尼、大陸受訪者的比例均在 23％～ 25％而已；然而，看來台灣民眾對於退休議題十分猶豫，似乎除了算一算現行體制下可能拿到的退休金額，普遍不知如何動手規畫。調查顯示，台灣僅三成會尋求專業退休規畫和建議，才會導致逾六成台灣受訪民眾覺得，要負擔退休後生活相當困難。」可見多數民眾對退休規畫相當陌生，也不知道如何著手規畫。

中時電子報／退休需求

　　每個人對於退休規畫應該怎麼做看法不一，有人說要準備幾千萬才能退休，有人說只要幾百萬就夠了。不過如果只是準備退休金，並不能讓你有一個財務安全的退休生活。Vanguard 領航公司最近有一份報告：〈通往財務健全的地圖：退休規畫決策的架構〉詳細分析了做退休規畫時需要注意的重點。要做一個完整的退休規畫，你必須：

1. 設立退休目標
2. 了解可能面臨的風險
3. 退休後收入來源資產配置
4. 建立一套退休準備計畫

　　首先設立退休目標，需要做的準備如下：

1. 基本生活開銷：退休生活所需的食衣住行等各項費用，有些可能降低，如交通費等，但是你也可能增加了醫療等支出。

2. 建立一筆緊急預備金：如果需要比較大的支出。如醫療照護、房屋修繕等，你需要一筆馬上可以動用的現金。

3. 自由支配的支出：除了基本生活開銷外，可以用來改善生活品質的開銷，如度假、旅遊支出、在比較好的餐廳用餐等。

4. 傳承：你的財產有哪些是希望留給子女或其他人的？可以事先計畫及安排。

　　設立退休目標，需要注意現金流的安排，首先要有穩定的現金流來應付退休生活的開銷，這些資金的來源可能是從勞保年金、公教年金、保險年金、投資等不同來源提領。第二是要保留一個資金池，有

一筆錢做準備,可以用來應付醫療、房子修繕等大筆支出。

退休規畫也需要注意以下可能面臨的風險:

市場風險

⊙ 投資回報的風險

我們會期待投資可以帶來穩定的現金流,以應付基本生活開銷、緊急預備金等支出。投資時間的長短,也會影響投資風險的多寡。如果時間拉長,風險會比投資時間短的為低。如下圖的統計所示,以投資於全球股市及債券的不同投資組合,可以看出時間的長短對報酬率的影響。截至 2017 年 9 月為止,如果投資時間為 5 年,全球股票的組合報酬率範圍落在 -5% ～ 13% 之間,股債各一半的組合為:-1% ～

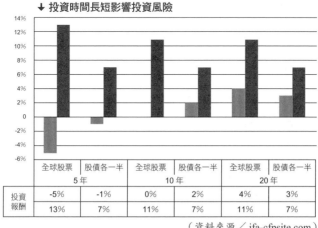

↓ 投資時間長短影響投資風險

	全球股票	股債各一半	全球股票	股債各一半	全球股票	股債各一半
	5 年		10 年		20 年	
投資報酬	-5%	-1%	0%	2%	4%	3%
	13%	7%	11%	7%	11%	7%

(資料來源/ifa-cfpsite.com)

7％之間。如果時間拉長到 20 年，全球股票的組合報酬率在 4％～ 11％之間，股債各一半的組合是：3％～ 7％。

　　時間拉長，風險明顯降低了，當然這樣的投資組合是為了適度分散風險，如果你的資產配置方式是集中在少數幾個國家，或是產業類別，這樣的投資波動度會比全球的配置更大，風險也會更高。

⊙通貨膨脹的風險

　　這可能是多數人在做退休規畫時最會忽略的一個因素，通貨膨脹牽涉到的是你的實質購買力。假設你現在一個月生活費 5 萬元，你用現在的數據，去估算以後要用到的退休生活費，就會犯上一個可怕的錯誤：因為你沒有把通膨的因素考慮進去。通膨導致物價變貴，你的實質購買力會下降，因此現在的 5 萬元絕對不能等同於 20 年後的 5 萬元。到時它的實質購買力只剩 2.76 萬元（假設通膨每年 3％）。若能提早考量通膨因素，會讓你的退休規畫更符合退休需求，不至於因為太過樂觀的估算，讓自己的退休規畫不切實際。

⊙利率風險

　　利率的高低對退休準備的投資工具選擇有很大的影響，可以用定存、儲蓄型保險、基金、股票、不動產等工具，來做退休金的準備。這些工具可概分為兩種：低報酬、低風險，如定存、儲蓄型保險；相對的，基金、股票等工具屬於高報酬及較高風險。在現在定存利率不到 1％的情況下，錢存銀行加上通膨的因素會降低你的實質購買力，

因此要做退休準備，要有足夠的退休收入來源，必須適度運用較高風險的投資工具所產生的報酬來增加退休收入。

⊙報酬波動度

　　投資組合報酬波動度會牽涉到以後退休可運用現金流的多寡。如果做了投資，會期待每年可以從投資帳戶中提領一部分金額出來，當成退休現金流的來源之一。例如你有 800 萬在做投資，如果每年的報酬率約 6%，每年提領 4%（即 32 萬）來做退休生活費，不至於侵蝕到本金。但前提是：投資要有穩定的表現，如果績效起伏太大，整體投資資產會變動過大，將沒辦法把穩定的部分提領出來，做為退休生活費之用。

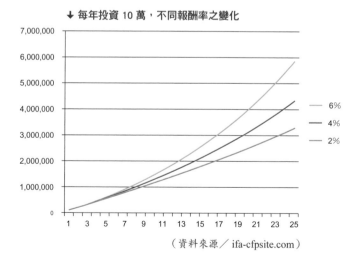

↓ 每年投資 10 萬，不同報酬率之變化

—— 6%
—— 4%
—— 2%

（資料來源／ifa-cfpsite.com）

　　舉例如上頁圖：A君每年把年終獎金10萬元拿來做投資，在年報酬率6%的情況下，25年後投資資產會有582萬元，但是如果是2%年報酬率，資產規模則只有327萬元前後金額差異頗大。2%年報酬率，大約相當於你用儲蓄型保險來做退休規畫，如果你的退休規畫全部用這種低風險，但也是低報酬的工具，你會發現需要投入更多成本來做準備。投資組合如何達到需要的報酬率，同時如何降低風險、減少投資組合報酬波動度也是非常重要的事。這可以藉由選擇適當的投資工具，並做好資產配置，把投資組合做風險分散，投資於不同的區域、產業類別、型態（股票型、債券型等），並配合再平衡的方式，讓投資組合維持一個相對的穩定度。

　　討論了投資風險後，接著討論健康、意外事件等退休規畫可能會碰到的風險：

健康風險

　　多數人在考量退休規畫時，可能都沒有把健康問題考慮進去，事實上健康問題可能會造成退休後的財務負擔，也許不亞於退休所需的生活費等支出。在〈長照費用知多少？幫您算算這筆帳〉這篇文章中說：「每位失能者被照顧的時間平均9.9年，是金錢、體力與心神的長期消耗戰。台北市社區銀髮族長期照顧發展協會理事長吳第明說，在機構裡住上20年的被照顧者大有人在；如果有氣切管，必須住進護理之家，就更貴，以每個月4萬5千元計，10年就要540萬元。這

些長照費用，應該由誰負擔？近六成受訪者盼政府伸出援手，但實際狀況是人民必須自行承擔。目前負擔費用者以子女居多，占六成；其次為被照顧者自有積蓄，占二成五；至於政府補助，沒有受訪者回答曾獲政府補助；來自政府的協助，幾乎趨近於零。」

所以說，退休後所需的收入，除了基本生活費外，還要規畫一筆用在意外支出、老年安養等用途的備用金。

長壽及死亡風險

退休規畫難以掌握的是會活到幾歲，現在人的壽命一直在延長，因此活太久變成做退休規畫要思考的問題。如果退休後還有30、40年的壽命，你可能要考量是否退休後再就業？這麼長的時間也許還要面臨離婚、親人離開等問題。也要規畫萬一自己先離開了，配偶如何維持生活的問題，同時要讓自己老得健康，不要讓退休的日子都在疾病纏身的情況下度過。

意外事件風險

意外事件風險是沒有預期會發生的事件，但是會造成財務上重大衝擊，如：房屋修繕之類意外的家庭支出、意外事故造成的損失等。2015風險和精算師協會的一份風險及退休過程調查中指出，在美國有72％的已退休人士，都有碰到一次或更多次這種意外事件。這些衝擊

不但會造成財務上的重大支出，還會造成退休現金的缺口，因此退休準備除了退休現金流入外，需要多準備一個緊急預備金的資金池。

稅務及政治風險

退休規畫在退休前後持續的時間可能長達幾十年，現在是全球化時代，滿多人會在海外置產。這中間碰到的各國稅務改變、政治風險等事，不可不注意。以前富人利用資訊不對稱，在海外成立境外公司、以信託持有海外資產等。不過現在全球都要實施共同申報準則（CRS），台灣預計在 2019 年實施，2020 年開始與其他國家做第一次的稅務資訊交換，這樣一來「藏錢」的機會就會越來越少。

CRS 查稅主要是針對金融帳戶，由金融機構所管理的帳戶包含：存款帳戶、投資帳戶、海外保單等，未來都會在申報範圍中，是需要調查並且交換的資訊。因為各國政府會根據稅籍編碼（台灣是身分證字號），把你在世界各地的金融資產與台灣作交換，你的海外金融資產將會曝光。因此如果持有海外資產，而這些資產可能也是你規畫為退休後收入的來源之一，就必須留意這些稅制、政治等改變，也許都會影響到你的退休規畫。

要確保退休財務安全，另外一個考量因素是退休收入資源的規畫，它包括以下幾個需要考慮的因素：

資產類別

不同的資產類別有不同的預期報酬、風險屬性、流動性等，針對不同需求配置不同的資產類別，這需要全盤性的考量，不能一味地偏袒某種資產類別，而忽略可能帶來的影響。例如為了固定配息，買了不少高配息債券，或類全委的投資型保險，以為高配息是高報酬，卻忽略了背後這些可能是高風險的投資標的。

收入

退休後的財務安全，是安排收入來自於不同風險與預期報酬的資產，適度的分散風險之外，也能兼顧合理的報酬。

策略

如何維持資產的流動性，讓退休時需要的支出不會被卡死、無法動用？因此投資時要考量資產類別的流動性如何，當預期的收入來源有變動時，如何調整支出策略？在投資資產中如何做提領，以因應退休收入的需求？這是退休收入資源規畫需要考慮的因素。

使用的產品

　　如何以不同的金融商品來滿足退休的目標，在資產配置上需要考量這些不同商品是否符合需求：例如買了年金保險，雖然增加了安全性，卻降低了流動性，這對你的目標是否會有影響等。

　　為了因應退休後可能面臨的風險，可以規畫退休收入來源來自不同的類別，以支應退休需求：基本生活支出、意外支出、老年安養（如醫療照護、房屋修繕等）、生活品質的開銷（如渡假、旅遊支出等）、傳承（財產想留給子女或其他人）這些可區分為以下幾種類別：

　　1. 保證收入年金：如勞保、公教保險的退休年金，以支應退休基本生活支出的需求。

　　2. 流動性資產：定存、保單現金價值、投資資產等，它是隨時可以動用，提領做退休收入的意外支出、老年安養費用、生活品質的開銷等支出。

　　3. 其他：保險年金、再工作的收入、不動產租金收入等，以補足前兩項收入不足的部分。

↓ 退休收入來源規畫

傳承
不動產投資
長期投資

生活品質支出
流動性資產
投資提領

意外支出、老年安養
流動性資產（定存、保單現金價值、投資等）

基本生活支出
勞保、公教保年金
個人保險年金
投資資產固定提領

（資料來源／ifa-cfpsite.com）

　　這裡僅就個人購買的保險年金做一下討論：保險年金可以用來做生活基本支出的準備，以彌補勞保、公教保險年金無法支應的差額部分。建議可以購買個人年金險補足中間的差額，不過要注意的是：保險的年金雖然收入穩定，但是因為投資報酬率不高（因為現行保單預定利率處於較低的水準），因此保險年金應該規畫讓它占退休收入現金流的一部分，而非全部，例如以它來支應基本生活費的部分支出。

　　買了年金保險雖然增加了安全性，卻降低了流動性，以現在比較多人選擇買的利率變動型年金保險為例，你如果在購買後前幾年要解約，會產生解約費用，也會有相關的附加費用（包含行政費用、業務員佣金、手續費等，而且是購買後就會先被扣除掉這些附加費用）。

　　利率變動型年金保險舉例：王小明，30 歲，躉繳新臺幣 1,000,000 元，購買了某公司的利率變動型年金保險，在假設年金累積期間，第一保單年度宣告利率為 2.74％，解約費用率如下，購買後 6 年內解約產生的費用如下表：

保單年度	1	2	3	4	5	6	≥7
解約費用率	5.0%	2.6%	2.2%	2.1%	1.4%	1.2%	0%

　　那麼購買以後可以領多少錢？ 假設他選擇 50 歲之保單週年日作為年金給付開始日，保證期間 20 年，假設年金累積期間及未來宣告利率均為 2.74％，試算如下：

年齡	保單年度	年金金額			
		年給付	半年給付	季給付	月給付
50	21	69,465	34,967	17,542	5,860
51	22	69,465	34,967	17,542	5,860
52	23	69,465	34,967	17,542	5,860

　　如果不買保險年金，100 萬在銀行定存 20 年，第 21 年起再每月領出當退休生活費，可以領多少？我們用現在銀行定存利率 1.1％，及以後可能升息平均利率 1.5％及 2％做比較。

20 年平均利率	20 年後累積之本金	第 21 年起每月可領金額
1.1%	1,244,581	5,774
1.5%	1,346,855	6,491
2.0%	1,485,947	7,505

　　當然利率不可能長達 40 年都維持不變，這樣的試算只是讓你了解買年金保險跟錢放定存，效果可能是差不多的。不同的是：定存隨時可領，不會有本金減少的問題，但是買了年金保險，若在初期解約，扣除解約費用，本金是可能減少的。不過保險年金有強迫儲蓄的功能，否則一般人大概沒辦法把一筆錢放在銀行數十年都不動用，每個月只領出少部分錢來使用。

⑨ 退休只有錢的問題嗎？

 退休規畫四面向：財務、健康、生活型態、心理社會

　　依據美國勞工福利研究所（EBRI）在 2009 年的調查結果顯示，人們在實際退休前 6 個月才首次考慮到決定退休這個問題的比例高達 22%；另外僅在退休前一年才審慎考量退休問題的比例也是 22%。從 EBRI 這份 2009 年調查結果中發現，人們的實際退休年齡與預期退休年齡之間出現了不吻合的現象，有 28% 的人調整了過去一年預定要退休的年齡。這不禁讓人好奇，為什麼人們往往無法準確地預測甚或實現其本身所設定的退休年齡？學者諾爾（Knoll）在 2011 年的研究發現，其原因可能是人們決定退休之前，根本無從考量未來長時間的影響為何。

　　相信大部分人都會預期「老後」將會是一段相當漫長的時間，並

且可能存在許多無法預知的情境，如果過於輕忽而沒有嚴正以對，退休生活恐怕不堪設想。不過，就算是不希望悲觀的事情發生，若只是一味懼怕而惶惶終日，對於退休生活也沒有任何幫助，想像中的美好未來通常也不會降臨在自己身上，還是必須以冷靜的心態掌握實際狀況，並且預想退休後最有可能會發生哪些情況，也就是自己老後的人生究竟會如何發展，做好努力避免不好的狀況發生，一旦真的面臨這些狀況，也能以充足的心理及實質準備妥善因應。

　　近年來，我國退休金財政系統的可持續性面臨嚴峻挑戰。如果從經常受到民眾關注的社會安全福利政策或是退休年金制度來分析，包括退休年金的起支年齡、可以支領全額年金給付的年齡，或是自願退休人員年資與年齡合計法定指標數，可說是一種「錨定效應」[①]的心理現象。錨定效應相對提供了人們考慮何時要退休的年齡參考點，預定將退休者會以這個特定的參考點作為評估其選擇退休年齡的獲得與損失。

　　舉例說明，一般人不太可能直接衡量自己在 64 歲時退休會有什麼優劣，但是，相對地，他會潛意識地去比較，自己在此年齡之前退休或者更晚退休，對退休生活將造成什麼影響及得失。又例如，一般人會比較等到 64 歲退休時所獲得每個月的貨幣現金流量給付，與在 62 歲退休時所獲得的年金給付。不難發現，選擇晚些退休的人，有很大的可能是對於年金給付的增加幅度有更多了解。在探討過渡到退休生活的種種相關議題上，不容忽視的因素是**平均餘命**。我國平均餘命的延長將會使得何謂適足的退休所得，或是退休所得替代率的滿足點

變得更加複雜，而決定退休的時間點，也無法只是考量個人的選擇，還包含配偶或其他家庭成員的財務規畫及潛在需要，這些往往都需要經過召開家庭會議在商言商。

　　大多數國外研究學者都認為可以宏觀地將退休視為橫跨退休前期、退休過渡期及退休適應期三個關鍵階段所構成的一個過程，而不僅僅視為一個單一事件。正因為退休並不是屬於短期發生隨即結束的，必須正視在不同階段關心的重點也應該有所差異。例如退休前期應著重於做好規畫、釐清退休期望及工作情境；而在退休過渡階段則應強調須確認退休決定、了解配套銜接僱用制度以及處理退離相關情況；在退休之後的適應階段，則應注意退休生活的滿足、退休後心態上的調整，以及是否能維持家庭幸福感等相應課題。

　　在眾多國外退休研究相關文獻中，許多學者都嘗試透過階段論的觀點進行退休研究討論。兩位學者莫頓・費爾德曼（Feldman）和泰瑞・A・貝漢爾（Beehr）兩位學者在2011年的研究認為，人們決定退休的過程，在第一階段經常是採取未來取向的觀點，同時也會想像退休生活可以取代目前的工作所帶給他們的交誼活動與社會關係。接著第二階段則是採取過去取向的觀點，也就是評估他們在離開長時間所擔任的工作或是職業的意願；最後在第三階段則是考慮他們必須採取的特定行動方案，以及成功過渡到未來退休生活所必須確實掌握的相關資源。當然此三階段並非完全獨立，有些階段甚至是重疊發生的，至於整體過程需要的時間多長，通常也是因人而異。然而近年來另有研究學者提出了狀態本位的取向（status-based approach）[2]試圖超越

過去這些不同觀點的階段論研究。

　　如何做好退休準備或是何時開始準備，始終是一門藝術也是一個難題。實質上的準備是否充分到位、財務規畫充足與否，以及心理上的接受程度，都可視為是退休準備的一環。透過亞當斯（Adams）和羅（Rau）兩位學者在 2011 年的研究發現，關於退休準備是一個人步入中年之後，考慮停止繼續工作下去、減少在現有工作中的既定承諾與時間心力的投入，或者轉換至不同工作型態這段期間的規畫。

　　在研究中也認為退休準備有兩種組成元素，包含了過程元素及結果元素。其中的過程元素涉及了動機性的過程，包括前瞻、意圖、行動及自律等概念。例如在過程中可能會萌生意圖和生成發展未來某種狀態的心理期待，以及觸發採取相應行動來達成該想像狀態。而結果元素在概念上，則可以解釋為，取代現有工作的一種中心化的生活，直白的陳述此觀點則是將退休準備視為，倘若進入退休期間，也能與退休前從事有薪工作時一樣滿足生活各項需求的規畫。如果嘗試理解達到人們滿意的退休角色，以取代退休前從事原來工作時的生活型態，大致上可以透過四個關聯性問題來思考：第一是思考退休後要做些什麼（活動規畫）？第二是思考如何供應退休生活所需（財務規畫）？第三則是思考退休後要住在哪裡（居住規畫）？最後則是考慮與誰一起度過可能漫長的退休生活（退休生活的關係規畫）？

　　進入退休生活後，會發現許多層面都在發生變化，首當其衝就是無薪生活的開始。而當生活重心不再是上班下班這檔事，談論的話題也不再圍繞著升遷或是同儕競爭，退休生活儼然該重新定義。

　　2010 年有三位學者 Noone、Stephens 和 Alpass 在其共同研究中，試著以四個不同的構面來分析退休規畫，分別為：財務構面、健康構面、生活型態構面及心理社會構面四個面向。研究中指出，大部分人在思考不同面向時，會採取相應不同的行動方案，並期望藉此擁有滿意的退休生活。

　　首先是在財務構面上，人們所考量的退休規畫行動方案包括對於風險性資產投資的相關了解，例如該選擇投資股票、基金或是債券及如何配置，當然也會考慮增加購買保險的種類或比例來達到目標性規畫，甚或是進入不動產市場等。接著是健康構面的規畫方案，包含是否擁有健康保險或是提高醫療相關保險給付，加入健身中心或是社區活動中心社團，建立規律運動也會成為行動方案，對於定期參加健康檢查及戒掉過去有害身心健康的不良習性，也會變得重要起來。

　　而在生活型態構面上的規畫，包括退休後假設需要再回到就業場域，在能力上可以被僱用的工作考量、居住環境的調整和安排、想盡一份力量做志工或是投入一直有興趣，卻囿於工作或家庭經濟而無法參與的活動等。而心理社會層面，同時也是四個面向中牽涉最廣的構面，由工作者過渡到退休者的角色定位，常常會需要一段時間來調適面對，當社會關係網絡要再一次建構，要花費很多時間和心理建設，其中更廣泛地涵蓋金錢支出規畫、群體教育學習的參與或退休後同齡活動的籌備安排等。而實證研究也發現，退休時程的規畫包括啟動退休方案及距離退休的時間安排，相當程度地影響財務、健康及心理社會面的退休準備。三位學者 Noone、Stephens 和 Alpass 也指出，美國

健康及退休研究這個全世界最大的退休研究計畫之一，使用了三個問題，包含「你曾經思考過多少次關於退休的事」「你曾經和另一半共同討論過多少次關於退休的事」以及「你曾經和你的朋友及同事討論過多少次關於退休的事」，來做為非財務與非正式的退休規畫評估分析參考。

如果能活得長壽並且隨時隨地保持精神充沛、神采奕奕，無疑是人生中一大樂事，但是從老後生活資金運用的觀點來看，長壽人生可說是充滿著各種意想不到的風險與危機。經常被討論到的預設困境，就是一旦活得長壽，期間卻不幸遇上通貨膨脹，將會導致個人及家庭儲蓄存款減少，而發生難以平衡生活開支的嚴重事態。但即使對退休生活做再萬全的預先準備，也仍然無法百分百確保退休後的生活能如退休前的設想般順利進行。無論是多麼縝密的退休規畫都有其侷限性，而退休規畫也常會因為自身的規畫經驗不豐富及心智狀態的不穩定進而提高偏差機率。

規畫的謬誤，是指一般人往往會低估完成一件事所需要的時間。而在退休規畫上時常產生規畫謬誤，則是因為低估外在客觀環境的問題，在心智上構築了過於樂觀、最佳情境的劇本。這種過於樂觀偏誤[3]，也可能導致低估了維持退休生活必要收入的重要性。

嚴格來說，退休從來就不單單只是錢的問題而已，需要考量的事情很多。近幾年來，財務規畫應該是所有退休準備課題中最受民眾重視的部分，甚至必須從整個家庭的財務報表進行整體性評估。而何時需要開始著手進行退休準備、個人金融知識或是財務素養的累積養

成、退休後的收入來源及資源整合、專家或財務顧問所提供專屬財務建議案的品質、財務規畫行動方案的執行效能及可能發生的債務管理等，都是必須關切的議題。

2011 年 Yang 和 Devaney 兩位學者的研究更發現，即使僱主透過確定給付制④的退休金，例如我國的公務人員現行退休制度，係採確定給付機制，公務人員的退休金給與是由政府負最後支付保證責任，亦未能在工作的內在薪酬與退休規畫行為之間產生顯著的關聯，也就是說，研究顯示，即使民眾樂在工作也不能影響其退休規畫，這可能與確定給付制經常配合任職年資的長短來設計有關。而當認識到規畫時間所剩有限且越接近退休，民眾更可能開始進行相關退休規畫。

談完了上述退休可能會面臨的多重現象，接下來要提出實務規畫建議。首先是退休前的規畫與準備，希望大家靜下心來，好好進行家庭資源的整體評估，將家庭成員彼此掌握的財務資源條列出來，畢竟大多數的時候，退休很可能是一種回歸家庭的必經過程，況且對部分退休者而言，退休很可能是為了履行另類的照顧責任，不論是否心甘情願，當家人出現照護需求，承擔撫養責任者也會慎重考慮退休。因此，**建議採取以「家庭經濟為核心」進行退休評估與退休準備，如此才是達成支持其家庭生存與其他物質生活需求、健康人生及維持正常人際活動的最基本要務。**也因為這個部分至關重要，要達到全面保護家庭經濟，必須借助財務顧問的諮詢診斷，專業合格的財務顧問需要結合金融投資、保險審視、醫療給付及稅務評估和資產傳承等專業來提供規畫方案，並且要定期檢視執行的自律性與成效，必要時調整方

案的內容和腳步。此類的員工協助輔導，從公私兩端協力夥伴共同構思雙贏策略，未必都要政府親力親為，或許可以透過相關實體或虛擬平臺的架構，悉心評選專家業者提供協助。其次，面對國家年金改革計畫的推行實施，上述這些攸關老後生活經濟安全、積極生活調適與充足合適的退休準備資訊，可能也得考慮儘早透過超越時空限制的網際網路環境和發達的社群媒體整合提供。

註釋：

①錨定效應（Anchoring Effect 或 focalism），心理學名詞，是認知偏差的一種。

②此研究取向係參考 Helms 用來研究種族認同發展的架構，從縮減 (retrenchment)、探索 (exploration)、嘗試 (try-out)、進入 (involvement)、再考慮 (reconsideration) 及離開 (exiting) 六種狀態來詮釋退休。認為退休難以明確的階段來理解，而可能是許多狀態並存的現象。

③樂觀偏誤(optimistic bias)，低估負面事件發生在自己身上的可能性，相信自己比其他人更不容易遇到不好的事。

④確定給付制（Defined BenefitPlan；DB）指雇主承諾員工於退休時，按約定之退休辦法所預訂的一定公式計算，由雇主負一切支付責任並一次或分期支付定額退休金，其金額是決定於薪資水準及服務年資；至於雇主與員工所提撥之退休基金與退休給付之金額並無必然之關係。如：公務人員退撫新、舊制退休金。

⑩ 公務人員年金改革內涵介紹

　　參照銓敘部在 2015 年的統計年報資料發現，在 2015 年就加入退撫基金的公務人員退休人數統計顯示，全年共高達有 11,803 人退休，是參加退撫基金人數 288,415 人的 4.09％，這個比例是 2015 年回推 10 年以來的歷史最高（之前的高峰期為 2012 年的 3.6％）。

　　隨著我國退撫制度的持續改革發展以及國人越發著重退休生涯規畫等相關因素的影響，資料顯示近 10 年來自願退休者之比率，自 2006 年的 87.53％增減變動至 2011 年的 92.43％，達歷年來的最高值，惟後續 3 年呈現相對減少的趨勢，下降至 2014 年的 87.09％，並在 2015 年時回升到了 88.86％[①]。根據銓敘部的最新統計資料，去年 2017 年的退休公務人員僅僅只有 6,762 人，這個數字則創下了近 9 年新低。詳細分析則發現，去年全國公務員退休人數 6,762 人中，若按照機關別來分類，其中中央各機關有 3,573 人、非直轄市的縣市機關有 1,248 人、直轄市機關有 1,906 人、外島金門連江機關則有 35 人。

　　依據總統府國家年金改革委員會提出 2017 年金改革方向的年金改革十大重點可以看出，首先在改革目標上，重點在建構確保一個世代不會用盡的退休金制度，包含健全年金財務及促進制度永續、確保老年生活及經濟安全無虞、兼顧職業衡平及實現世代互助。第二重點為終結優惠存款制度，讓 18％走入歷史。第三為調降公教所得替代率，達到與國際接軌。第四重點為延長投保（提撥）薪資採計期間以縮減改善退撫基金長期的收支落差，來避免臨退升遷卻繳少領多的不合理誤導。第五重點則是因應未來人口老化必須延長請領年齡。第六為提高公教退撫基金提撥率上限，並採漸進式調整費率。第七重點為政府將規畫挹注財源，強化退撫基金財務可以永續。第八重點則是積極設計年金年資可攜式制度，讓跨職域制度有保障，其中包含設計保留年資的規定，成就可以自由選擇轉任不同職域工作的自主權。第九重點是強化退撫基金管理專業化、透明化，以提升投資效率，並減少可能的政治干預，增加利害關係人參與選擇權。改革的最後一項重點則是改革黨職併公職等不合理設計，讓制度能夠真正回歸常軌運行。

　　坦白說，台灣的年金制度確實是非常複雜，一般民眾想要全盤瞭解實在不是一件容易的事情。我國的年金制度包括有：軍人保險、軍人退撫、公教人員保險（公務員、公校教職員、私校教職員）、公務人員退休、學校教職員退休、私校退撫、政務人員退職、法官退養金、勞工保險、勞工退休、國民年金、老農津貼、農民健康保險條例等洋洋灑灑多達 13 種制度，分別依照不同職業類別來專門設計老年（退休）經濟安全制度。

　　年金制度內涵差異甚大在近幾年來更是成為社會大眾專注改革的重點所在，年金改革儼然是現在社會上討論度最高的話題之一。普遍民眾都知道不同的社會保險內容與退休金制度的給付條件、請領資格、背後財源以及保障水準大多參差不齊。而給付型態又有所謂的一次給付與年金給付兩種選擇；制度架構也混雜著恩給制、確定給付制（DB），以及確定提撥制（DC）。

　　舉例來說，針對軍公教退休（伍）金制度雖然名為提撥制度，但是卻採取不足額提撥，再由政府負擔最終支付責任的確定給付制，與確定給付制的軍公教人員保險實無差異，而提撥費率與保險費率分攤，也都是軍公教自身負擔35％、政府負擔65％。尤有甚者，軍公教人員保險設定高額保險費率作為完全準備，導致保險費率高而給付水準卻偏低，形成相對厚層的軍公教退休金，相對薄層的軍公教保險給付，這與勞工保險給付較厚、勞退新制給付卻相對較薄的情形剛好相反。

　　此次年金改革會議就年金制度的主要內涵：制度架構、給付、領取資格、財源、制度轉換、基金管理，特殊對象等分組（項）議題進行討論，而不採取軍、公、教、勞、農、國民等不同職業別保險與退休金制度分別討論，主要理由包括了年金改革不是針對特定職業別、全面檢視職業別年金制度差異，以及檢討年金制度共同面對的困境三項主要關鍵考量。

　　我國的各年金制度歷經半個多世紀以來的演進，除了經常被質疑的保障水準不一、政府撥補顯著差別之外，共同存在著的困境就在

財務缺口過大，其核心問題在於保費偏低或是提撥不足、所得替代率太高、請領年齡過早、平均投保（提撥）薪資採計期間太短、基金投資報酬率太低，平均餘命延長導致支領年數延長等造成的年金財務危機。如果不將這些共同問題逐項檢討，尋求改善之道，難以使年金制度永續發展。

立法院於 2017 年 6 月及 2018 年 6 月，修正通過攸關軍公教年金改革的三大法案，分別是公務人員退休資遣撫卹法、公立學校教職員退休資遣撫卹條例與陸海空軍軍官士官服役條例，同步在 2018 年 7 月 1 日正式實施。銓敘部退撫司在 2017 年立院臨時會三讀通過公務人員退休資遣撫卹法後，隨即於 7 月針對公務人員年金改革內涵介紹提出彙整報告供民眾來參閱了解。

銓敘部報告中開宗明義在前言即明確說明，年金改革將分階段性改革，短程作為是制度分立並各自檢討現行制度以解決急迫財務危機，中長程作為在三讀條文亦明訂，新法實施 5 年（2023 年 7 月 1 日）以後初任的公務人員，其退撫制度由主管機關重行建立，並另以法律定之。除了現職人員維持二層年金架構不變，在現行制度改革策略中，對於退撫基金的開源策略有提高提撥率、改革可節省費用全數挹注基金以及提高基金收益率；而針對公務預算與退撫基金的節流策略則有延後支領年齡（65 歲）；合理調降退休所得的部分包含了調降 18％優存利率和訂定退休所得上限及下限；檢討不合宜機制的部分，是廢止年資補償金和調整月撫慰金。

公務人員退休資遣撫卹法全文共 6 章 95 條條文，依序分別為第

一章總則、第二章退休、第三章撫卹、第四章退撫給與之支（發）給、保障及變更、第五章年資制度轉銜以及第六章附則。本書將針對公務人員退休資遣撫卹法重點條文說明，特別是關乎退休制度的改革內容。首先是關於備受爭議的最低保障金額（樓地板）[2] 以及調整 18％ 優惠存款制度[3] 的部分，最低保障金額為公務人員委任第一職等本俸最高級之本俸額與該職等一般公務人員專業加給合計數額，依照行政院調增 2018 年度軍公教員工待遇，並溯自 2018 年 1 月 1 日生效，最低保障金額為 33,140 元。此配套機制乃參考司法院大法官釋字 280 號解釋，認定退休所得如低於「委任第一職等本俸最高級之本俸額及專業加給合計數額」，就難維持退休公教人員的基本生活。

　　而在調整 18％ 優惠存款制度的內容，則根據擇領退休金種類有不同的實施期間及利率調整，說明如下。對於支（兼）領月退休金者：假若月退休總所得低於最低保障金額（2018.1.1 起為 33,140 元）者，則維持 18％ 優存利率；否則將於 2018 年 7 月 1 日～ 2020 年 12 月 31 日優存利率降為 9％，並將在 2021 年起優存利率歸零，領回本金。對於支領一次退休金者：原領優存利息即一次退休金與公保養老給付合計之每月優存利息未超過最低保障金額者，維持原領金額不予調整；原領優存利息超過最低保障金額者，最低保障金額以外的優存本金部分，將於 2018 年 7 月 1 日～ 2020 年 12 月 31 日優存利率降至 12％，之後每 2 年調降優存利率 2％，2015 年以後優存利率將調降至 6％ 止。

　　關於調整優惠存款利率，以下舉兩個試算案例供大家參考。

　　下表的試算案例說明，是針對支領一次退休金者，假設一次退休金＋公保養老給付合計有 300 萬元優存本金，以改革前的 18％優存利率計算，每月可領取的優存利息為 45,000 元利息。改革後，一次退休金與公保養老給付合計之每月優存利息未超過最低保障金額的部分，回推優存本金為 2,209,333 元，至於超過這個金額的優存本金 790,667 元，則依規定實施期間調降優存利率，每月合計利息詳如下表一。

（表一）支領一次退休金者調降優惠存款利率方案：試算案例 1

支領一次退休金者 （一次退休金+公保養老給付合計以3百萬元本金-45000利息為例）							
實施期間	等於或低於最低保障金額部分			超過最低保障金額部分			每月利息合計
	本金	利率	利息	本金	利率	利息	
107.7.1~ 109.12.31	2,209,333	18%	33,140	790,667	12%	7,907	41,047
110年~111年	2,209,333	18%	33,140	790,667	10%	6,589	39,729
112年~113年	2,209,333	18%	33,140	790,667	8%	5,271	38,411
114年以後	2,209,333	18%	33,140	790,667	6%	3,953	37,093

　　下頁表二的試算案例則是針對改革前原 18％的優存利息金額與改革之後 2025 年以後的實領金額比較差異。

　　接下來，關於公務人員退休所得替代率之上限、調降及過渡期[4]的部分，說明如下。公務人員退休所得替代率，指公務人員退休後所

（表二）支領一次退休金者調降優惠存款利率方案：試算案例 2

改革前			改革後(114年以後)		
原18%利息金額	利率	利息金額	利率	利息金額	實領金額
25,000	18%	25,000	6%	0	25,000
35,000	18%	33,140	6%	620	33,760
40,000	18%	33,140	6%	2,287	35,427
45,000	18%	33,140	6%	3,953	37,093
50,000	18%	33,140	6%	5,620	38,760

領每月退休所得占最後在職同等級人員，每月所領本（年功）俸（薪）額加計一倍金額之比率，但兼領月退休金者，其替代率上限應按兼領月退休金之比率調整。所得替代率公式中的分子為每月退休所得＝月退休金（含月補償金）＋優存利息（或社會保險年金）[5]，公式中的分母為最後在職同等級人員本（年功）俸（薪）額 2 倍。所得替代率上限則分為 10 年逐步調降（每年調降 1.5％），例如任職年資 40 年者，所得替代率從 77.5％降至 62.5％；任職年資 35 年者，所得替代率從 75％降至 60％；任職年資 30 年者，所得替代率從 67.5％降至 52.5％；任職年資 25 年者，所得替代率從 60％降至 45％；任職年資滿 15 年者，所得替代率從 45％降至 30％；而任職年資未滿 15 年者，所得替代率以 15 年計（詳細所得替代率可參酌本章後面之附表七「公

務人員退休資遣撫卹法第三十七條附表：退休公務人員經審定退休年資之退休所得替代率對照彙整表」）。至於所得替代率下限則是規定調降後，有低於最低保障金額者（2018.1.1 起為 33,140 元），維持支領最低保障金額，如調降前之月退休總所得已低於最低保障金額者，則不予調整，仍依原金額支給。

再者，關於公務人員退休金計算基準採計期間⑥的部分，說明如下。退休金計算基準採計期間將由現行採計最後 1 個月俸（薪）額逐步調整為最後在職 15 年平均俸（薪）額。在新法實行首年即 2018 年 7 月 1 日至 2019 年 12 月 31 日為「最後在職 5 年平均俸（薪）額」，之後逐年拉長 1 年，調整至 2029 年以後為「最後在職 15 年平均俸（薪）額」。這個部分也設有過渡條款即新法施行前已達月退休金起支條件者，於新法施行後退休生效者，仍得以最後在職同等級人員之本（年功）俸（薪）額計算，不受均俸（薪）影響。同時新法也對於新法施行前已退休者，設有已退者保障即一律不適用均俸（薪）規定。之前所談關於所得替代率分母則一律用最後在職同等級人員本（年功）俸（薪）額 2 倍，不適用均俸（薪）規定（詳細請參閱本章後面之附表六「公務人員退休資遣撫卹法第二十七條第二項附表：本法公布施行後退休公務人員退休金給與之計算基準彙整表」）。

關於調降退休所得替代率，以下舉兩個試算案例供大家參考。

下頁表三的案例說明如下：該公務人員在改革實施之前的民國 105 年 7 月 1 日退休，且新舊年資合計 30 年（舊制年資 9 年，新制年資 21 年），退休時為薦任第七職等年功六 590 俸點，月俸額為

40,270 元，月退休所得為 61,510 元。年金改革之後，計算月退休所得之扣減順序依序第一為優惠存款利息，第二為退撫新制施行前舊制月退休金（含原退休法第 30 條第 2 項月補償金），第三為退撫新制施行後新制月退休金，而公保或勞保年金採優先保障，不扣減。因此，民國 118 年以後，將依照規定所得替代率上限調降為 52.5％，所以該公務人員的實際支領月所得為 42,284 元，相對改革前的 61,510 元減少了 19,226 元，減少的幅度約為三成達 31.26％。

（表三）調降退休所得替代率案例 1：
民國 105 年 7 月 1 日退休新舊年資合計 30 年－薦任第七職等年功六

俸點	月俸額	年資		月退休金	月退休金合計	優存利息	月退休所得
590俸點	40270	舊制	9	21468(含月補償金2416)	55295	6215	61510
		新制	21	33827			

107.7.1至108.12.31	優存	月退(無均俸)	合計	替代率上限	實際支領月所得		
					優存	月退	合計
	9%			67.5%			
	3108	55295	58403	54365	0	54365	54365

109.1.1至109.12.31	優存	月退(無均俸)	合計	替代率上限	實際支領月所得		
					優存	月退	合計
	9%			66%			
	0	54365	54365	53156	0	53156	53156

118年以後	優存	月退(無均俸)117年	合計	替代率上限	實際支領月所得		
					優存	月退	合計
	0%			52.5%			
	0	43492	43492	42284	0	42284	42284

　　下表四的案例說明如下：該公務人員在改革實施之前的民國105年7月1日退休，且新舊年資合計30年（舊制年資9年，新制年資21年），退休時為薦任第九職等年功七710俸點，月俸額為48,505元，月退休所得為73,287元。因此，民國118年以後，將依照規定所得替代率上限調降為52.5％，所以該公務人員的實際支領月所得為50,930元，相對改革前的73,287元減少了22,357元，減少的幅度也是約為三成達30.51％。

（表四）調降退休所得替代率案例2：
民國105年7月1日退休新舊年資合計30年－薦任第九職等年功七

俸點	月俸額	年資		月退休金	月退休金合計	優存利息	月退休所得
710俸點	48505	舊制	9	25667(含月補償金2910)	66412	6875	73287
		新制	21	40744			
107.7.1至108.12.31	優存	月退(無均俸)	合計	替代率上限	實際支領月所得		
	9%			67.5%	優存	月退	合計
	3438	66412	69850	65482	0	65482	65482
109.1.1至109.12.31	優存	月退(無均俸)	合計	替代率上限	實際支領月所得		
	9%			66%	優存	月退	合計
	0	65482	65482	64027	0	64027	64027
118年以後	優存	月退(無均俸)117年	合計	替代率上限	實際支領月所得		
	0%			52.5%	優存	月退	合計
	0	52385	52385	50930	0	50930	50930

　　針對公務人員月退休金起支年齡[⑦] 以及危勞職務月退休金起支年齡[⑧] 的部分，說明如下。首先是月退休金起支年齡部分，公務人員任職滿 15 年，依第十七條第一項自願退休規定辦理退休者，符合下列月退休金起支年齡規定，得擇領全額月退休金：條件一是 2020 年 12 月 31 日以前退休且符合年滿 60 歲，或是任職年資滿 30 年且年滿 55 歲；條件二是 2021 年起退休者，應年滿 60 歲，其後每一年提高一歲，至 2026 年以後為 65 歲。

　　再者，以 10 年過渡期間即在 2022 年至 2031 年與 85 制之 10 年緩衝期指標數[⑨] 銜接，至 2031 年以後達到單一起支年齡 65 歲。自願退休而未符合法定起支年齡者，可選擇支領展期或減額月退休金並以法定起支年齡為計算基準。過渡期間符合指標數者，得退休並立即支領全額月退休金，不須受法定起支年齡影響，但是過渡期間指標數之基本年齡規定為：在 2020 年以前須年滿 50 歲；2021 年以後須年滿 55 歲；2026 年以後須年滿 60 歲（詳細規定請參酌本章後面之附表八「公務人員退休資遣撫卹法第三十一條第六項第二款附表一：自願退休人員年資與年齡合計法定指標數」）。

　　關於危勞職務月退休金起支年齡維持 70 制即退休年資滿 15 年且年滿 55 歲者，可請領月退休金或是一次退休金，對於退休年資未滿 15 年者，則給予一次退休金。例如公務人員任職滿 15 年，達公保半失能以上、身障重度以上、惡性腫瘤末期、安寧緩和醫療條例所稱末期病人及永久重大傷病且不能勝任工作者，起支年齡為 55 歲。若是具原住民身分之公務人員，起支年齡的規定為：2020 年以前，任職

25 年且年滿 55 歲，2021 年起逐年增 1 歲，至 2026 年為 60 歲。

關於年資保留[⑩]與年資併計、年金分計（可攜式年資）[⑪]的規定部分，說明如下。年資保留法案公布施行後，公務人員任職已滿 5 年且未辦理退休或資遣而離職者，除本法另有規定外，其任職年資得予保留，俟其年滿 65 歲之日起 6 個月內，再依規定請領退休金（未滿 15 年者，請一次退休金；滿 15 年以上者，可擇領一次退休金或月退休金）。而關於年資併計、年金分計（可攜式年資）的規定，在職公務人員依本法辦理屆齡或命令退休時，公務年資未滿 15 年者，得併計其他職域年資，成就支領月退休金條件（私轉公）。

法案公布施行後，公務人員任職已滿 5 年且未辦理退休或資遣而離職且為支領退撫給予者，於轉任其他職域工作後辦理退休（職）時，得併計原公務人員年資成就請領月退休金條件，並於年滿 65 歲之日起 6 個月內，以書面檢同相關證明文件，送原服務機關函轉審定機關審定其年資及月退休金（公轉私）。

針對離婚配偶請求權[⑫]的規定部分，說明如下。公務人員之離婚配偶與該公務人員婚姻關係存續期間滿 2 年者，於法定財產制或共同財產制關係因離婚而消滅時，經雙方協議，以婚姻關係存續期間的年資為基準，得請求分配最高二分之一退休金的請領權利。若對於二分之一分配顯失公平者，當事人一方得聲請法院調整或免除其分配額。請求分配之退休金數額，按其審定退休年資計算之應領一次退休金為準。離婚配偶於婚姻關係存續期間依其他法律得享有退休金者，其分配請求權之行使，以該公務人員得依該其他法律享有同等離婚配偶退

休金分配請求權者為限（互惠原則）。命令退休、本法公布施行前退休者，或本法施行前已離婚者，均不適用本條規定。

關於離婚配偶退休金請求權，試舉一個案例供大家參考。

下表五的案例說明如下：假設該公務人員以薦任第七職等年功六 590 俸點退休，退休總年資 30 年完全都是新制年資，而婚姻關係存續 10 年，婚姻關係佔公職為 2 年，由此可計算離婚配偶請求權被分配比率為 3.33％。因為該公務人員都是新制年資，假設選擇一次請領退休金，原發一次退休金為 3,624,300 元，扣減離婚配偶請求權被分配比率計算之得請求分配總額 120,810 元之後，實領的退休金為 3,503,490 元。如果該公務人員選擇請領月退休金的話，假設原領退休

（表五）離婚配偶退休金請求權之試算案例：婚姻關係佔公職 2 年

婚姻關係	10				
婚姻關係佔公職	2				
退休總年資（純新制年資）	30				
婚姻關係佔公職比率	2/30				
以薦任第七職等年功六退休為例	590俸點				

離婚配偶得請求分配總額	每月俸額	一次退休金總額	被分配比率(2/30*1/2)	得請求分配總額	
	40270	3624300	3.33%	120810	

擇領一次退休金者	原發一次退休金	應被扣減總額	實領退休金	
	3624300	120810	3503490	

擇領月退休金者	假設原領月退休金	每月按應扣減比率扣減	每月應扣減金額	每月扣減後月退休金	扣減完畢期數(月)	扣減完畢期數(年)
	42284	3.33%	1409	40875	85.7	7.1

金為 42,284 元，每月按應扣減比率扣減後的退休金為 40,875 元，如此則需要花費 85.7 個月方能扣減完畢，大約是 7.1 年左右的時間。

關於遺族擇領遺屬年金之過渡期保障規定[13]的部分，說明如下。遺族為配偶、未成年子女、身心障礙且無工作能力之已成年子女或父母而不支領遺屬一次金者，得依下列規定，按退休人員亡故時所領月退休金之二分之一或兼領月退休金之二分之一，改領遺屬年金：首先是具備年滿 55 歲或是重度以上身心障礙且無工作能力之條件，且未再婚配偶，給予終身，但以其法定婚姻關係於退休人員亡故時，已累積存續 10 年以上為限；對於未成年子女給與至成年為止，但是重度以上身心障礙且無工作能力之已成年子女，給予終身；而對於父母則是給予終身。未滿 55 歲而不得依前項第一款領受遺屬年金之未再婚配偶，得自年滿 55 歲之日起，支領終身遺屬年金。至於遺族已依本法或其他法令規定領有退休金、撫恤金、優惠存款利息，或其他由政府預算、公營事業機構支給之定期性給與者，不得擇領遺屬年金，但仍可支領遺屬一次金。

關於再任逾基本工資即停領月退休金[14]（棄雙薪肥貓）的規定為已退休的公務人員再任職務，包括公職、行政法人、政府捐贈之財團法人、政府轉投資機構或法人職務以及私校職務者，若每月薪資總額超過法定基本工資者，應停領月退休金及優惠存款利息。

關於育嬰留職停薪[15]的規定則是育嬰留職停薪年資採計為該項規定公布日（2017.8.11 生效）施行後，得選擇全額負擔並繼續繳付退撫基金費用，併計公務人員退休、資遣或撫卹年資。

　　最後，關於公務人員退休資遣撫卹法第九十三條退撫新制度的說明，新法實施 5 年即 2023 年 7 月 1 日以後初任公務人員者，其退撫制度由主管機關重行建立，並另以法律定之。

　　年金改革大事紀：

• 2012 年 11 月 20 日：總統馬英九宣布啟動年金改革。

• 2013 年 1 月 30 日：總統馬英九提出第一階段年金改革方案，目標是維持年金制度 30 年穩定。

• 2013 年 4 月：馬政府年金改革方案送入立法院，直至 6 月會期結束，未有進展。馬政府年金改革停擺。

• 2016 年 5 月 20 日：總統蔡英文在就職演說中表示，年金制度如果不改就會破產，將召開年金改革國是會議。6 月 8 日，總統府公布總統府國家年金改革委員會名單，行政院同日成立年金改革辦公室。

• 2017 年 1 月 22 日：總統府召開年改全國大會，通過年改草案；另建議軍人退撫制度單獨設計，制度內涵仍與公教人員一致。

• 2017 年 6 月：立法院臨時會三讀通過公務人員退休資遣撫卹法、公立學校教職員退休資遣撫卹條例，年金最低保障金額（樓地板）為 32,160 元（2018.1.1 起為 33,140 元）。

• 2018 年 4 月 12 日：行政院院會通過「55+2 版」軍人年改草案。

• 2018 年 6 月 20 日：立法院臨時會三讀修正通過陸海空軍軍官士官服役條例部分條文，明定軍人年金樓地板為 38,990 元，退休俸起

支俸率 55%，年增率 2%，18% 優惠存款分 10 年歸零。

• 2018 年 7 月 1 日：公務人員退休資遣撫卹法、公立學校教職員
退休資遣撫卹條例與陸海空軍軍官士官服役條例，同步在今年 7 月 1
日正式實施。

註釋：

① 參考中華民國 104 年銓敘統計年報（民 105），銓敘部編印，頁 14-17。

② 公務人員退休資遣撫卹法第四條。

③ 公務人員退休資遣撫卹法第三十六條。

④ 公務人員退休資遣撫卹法第三十七條、第三十八條、第三十九條。

⑤ 社會保險年金：指於政府機關、公立學校或公營事業退休所領取之公保年金或勞
　保年金，不包括純私人機構退休所領勞保年金。

⑥ 公務人員退休資遣撫卹法第二十七條。

⑦ 公務人員退休資遣撫卹法第三十一條第一項。

⑧ 公務人員退休資遣撫卹法第三十三條。

⑨ 指標數為任職年資＋年齡的合計，若年資＋年齡合計高於或等於過渡期間指標數，
　可領全額月退，但須符合基本年齡規定。

⑩ 公務人員退休資遣撫卹法第八十五條。

⑪ 公務人員退休資遣撫卹法第八十六條。

⑫ 公務人員退休資遣撫卹法第八十二條和第八十三條。

⑬ 公務人員退休資遣撫卹法第四十五條。

⑭ 公務人員退休資遣撫卹法第七十七條和第七十八條。

⑮ 公務人員退休資遣撫卹法第七條第四項。

（表六）公務人員退休資遣撫卹法第二十七條第二項附表：
　　　　本法公布施行後退休公務人員退休金給與之計算基準彙整表

實施期間	退休金計算基準
中華民國一百零七年七月一日 至一百零八年十二月三十一日	最後在職五年之平均俸（薪）額
中華民國一百零九年一月一日 至一百零九年十二月三十一日	最後在職六年之平均俸（薪）額
中華民國一百十年一月一日 至一百十年十二月三十一日	最後在職七年之平均俸（薪）額
中華民國一百十一年一月一日 至一百十一年十二月三十一日	最後在職八年之平均俸（薪）額
中華民國一百十二年一月一日 至一百十二年十二月三十一日	最後在職九年之平均俸（薪）額
中華民國一百十三年一月一日 至一百十三年十二月三十一日	最後在職十年之平均俸（薪）額
中華民國一百十四年一月一日 至一百十四年十二月三十一日	最後在職十一年之平均俸（薪）額
中華民國一百十五年一月一日 至一百十五年十二月三十一日	最後在職十二年之平均俸（薪）額
中華民國一百十六年一月一日 至一百十六年十二月三十一日	最後在職十三年之平均俸（薪）額
中華民國一百十七年一月一日 至一百十七年十二月三十一日	最後在職十四年之平均俸（薪）額
中華民國一百十八年一月一日以後	最後在職十五年之平均俸（薪）額

一、本表之適用對象，其退休金應按其退休年度，依本表所列各年度退休金計
　　算基準計算之後不再調整。
二、本表所定「平均俸（薪）額」，依退休公務員計算平均俸（薪）額之各該
　　年度實際支領金額計 算之平均數額。

（表七）公務人員退休資遣撫卹法第三十七條附表：
　　　　退休公務人員經審定退休年資之退休所得替代率對照彙整表

實施期間 比率 任職年資	中華民國一百零七年七月一日至一百零八年十二月三十一日	中華民國一百零九年一月一日至一百零九年十二月三十一日	中華民國一百十年一月一日至一百一十年十二月三十一日	中華民國一百十一年一月一日至一百十一年十二月三十一日	中華民國一百十二年一月一日至一百十二年十二月三十一日
四十	77.5%	76.0%	74.5%	73.0%	71.5%
三十九	77%	75.5%	74.0%	72.5%	71.0%
三十八	76.5%	75.0%	73.5%	72.0%	70.5%
三十七	76%	74.5%	73.0%	71.5%	70.0%
三十六	75.5%	74.0%	72.5%	71.0%	69.5%
三十五	75.0%	73.5%	72.0%	70.5%	69.0%
三十四	73.5%	72.0%	70.5%	69.0%	67.5%
三十三	72.0%	70.5%	69.0%	67.5%	66.0%
三十二	70.5%	69.0%	67.5%	66.0%	64.5%
三十一	69.0%	67.5%	66.0%	64.5%	63.0%
三十	67.5%	66.0%	64.5%	63.0%	61.5%
二十九	66.0%	64.5%	63.0%	61.5%	60.0%
二十八	64.5%	63.0%	61.5%	60.0%	58.5%
二十七	63.0%	61.5%	60.0%	58.5%	57.0%
二十六	61.5%	60.0%	58.5%	57.0%	55.5%
二十五	60.0%	58.5%	57.0%	55.5%	54.0%
二十四	58.5%	57.0%	55.5%	54.0%	52.5%
二十三	57.0%	55.5%	54.0%	52.5%	51.0%
二十二	55.5%	54.0%	52.5%	51.0%	49.5%
二十一	54.0%	52.5%	51.0%	49.5%	48.0%
二十	52.5%	51.0%	49.5%	48.0%	46.5%
十九	51.0%	49.5%	48.0%	46.5%	45.0%
十八	49.5%	48.0%	46.5%	45.0%	43.5%
十七	48.0%	46.5%	45.0%	43.5%	42.0%
十六	46.5%	45.0%	43.5%	42.0%	40.5%
十五	45.0%	43.5%	42.0%	40.5%	39.0%

中華民國一百十三年一月一日至一百十三年十二月三十一日	中華民國一百十四年一月一日至一百十四年十二月三十一日	中華民國一百十五年一月一日至一百十五年十二月三十一日	中華民國一百十六年一月一日至一百十六年十二月三十一日	中華民國一百十七年一月一日至一百十七年十二月三十一日	中華民國一百十八年一月一日以後
70.0%	68.5%	67.0%	65.5%	64.0%	62.5%
69.5%	68.0%	66.5%	65.0%	63.5%	62.0%
69.0%	67.5%	66.0%	64.5%	63.0%	61.5%
68.5%	67.0%	65.5%	64.0%	62.5%	61.0%
68.0%	66.5%	65.0%	63.5%	62.0%	60.5%
67.5%	66.0%	64.5%	63.0%	61.5%	60.0%
66.0%	64.5%	63.0%	61.5%	60.0%	58.5%
64.5%	63.0%	61.5%	60.0%	58.5%	57.0%
63.0%	61.5%	60.0%	58.5%	57.0%	55.5%
61.5%	60.0%	58.5%	57.0%	55.5%	54.0%
60.0%	58.5%	57.0%	55.5%	54.0%	52.5%
58.5%	57.0%	55.5%	54.0%	52.5%	51.0%
57.0%	55.5%	54.0%	52.5%	51.0%	49.5%
55.5%	54.0%	52.5%	51.0%	49.5%	48.0%
54.0%	52.5%	51.0%	49.5%	48.0%	46.5%
52.5%	51.0%	49.5%	48.0%	46.5%	45.0%
51.0%	49.5%	48.0%	46.5%	45.0%	43.5%
49.5%	48.0%	46.5%	45.0%	43.5%	42.0%
48.0%	46.5%	45.0%	43.5%	42.0%	40.5%
46.5%	45.0%	43.5%	42.0%	40.5%	39.0%
45.0%	43.5%	42.0%	40.5%	39.0%	37.5%
43.5%	42.0%	40.5%	39.0%	37.5%	36.0%
42.0%	40.5%	39.0%	37.5%	36.0%	34.5%
40.5%	39.0%	37.5%	36.0%	34.5%	33.0%
39.0%	37.5%	36.0%	34.5%	33.0%	31.5%
37.5%	36.0%	34.5%	33.0%	31.5%	30.0%

註記：退休公務人員退休審定年資未滿十五年者，其退休所得替代率以十五年計。

（表八）公務人員退休資遣撫卹法第三十一條第六項第二款附表：
自願退休人員年資與年齡合計法定指標數

適　　　　　　用　　　　　　期　　　　　　間	指　標　數
中華民國一百年一月一日至一百年十二月三十一日	七十五
中華民國一百零一年一月一日至一百零一年十二月三十一日	七十六
中華民國一百零二年一月一日至一百零二年十二月三十一日	七十七
中華民國一百零三年一月一日至一百零三年十二月三十一日	七十八
中華民國一百零四年一月一日至一百零四年十二月三十一日	七十九
中華民國一百零五年一月一日至一百零五年十二月三十一日	八十
中華民國一百零六年一月一日至一百零六年十二月三十一日	八十一
中華民國一百零七年一月一日至一百零七年十二月三十一日	八十二
中華民國一百零八年一月一日至一百零八年十二月三十一日	八十三
中華民國一百零九年一月一日至一百零九年十二月三十一日	八十四
中華民國一百十年一月一日至一百十年十二月三十一日	八十五
中華民國一百十一年一月一日至一百十一年十二月三十一日	八十六
中華民國一百十二年一月一日至一百十二年十二月三十一日	八十七
中華民國一百十三年一月一日至一百十三年十二月三十一日	八十八
中華民國一百十四年一月一日至一百十四年十二月三十一日	八十九
中華民國一百十五年一月一日至一百十五年十二月三十一日	九十
中華民國一百十六年一月一日至一百十六年十二月三十一日	九十一
中華民國一百十七年一月一日至一百十七年十二月三十一日	九十二
中華民國一百十八年一月一日至一百十八年十二月三十一日	九十三
中華民國一百十九年一月一日至一百十九年十二月三十一日	九十四

註記：

本表所定過渡期間指標數之年齡，在中華民國一百零九年以前退休者，須年滿五十歲；中華民國一百十年一月一日至一百十四年十二月三十一日退休者，須年滿五十五歲；中華民國一百十五年以後退休者，須年滿六十歲。

PART **2**

準備篇

①
退休支出預估：
退休到底該準備多少？

　　滙豐集團曾經公布了一份「未來的退休生活」調查結果，他們在全球 16 個國家，調查了超過 1 萬 8000 名受訪者。調查結果指出：全球超過 31％的已退休人士表示，很後悔沒有提早為退休做準備，如果可以重來，希望能更早開始規畫。全球 16 個國家這項比率的平均值是 31％，但是台灣已退休人士中，後悔沒有提早為退休做準備的比例卻達到 51％，排名全球第一。而全球已退休人士與未退休人士，覺得退休是一件快樂的事情的平均比率是：未退休人士 64％，已退休人士 67％，台灣則是排倒數幾名：未退休人士 54％，已退休人士 53％，這顯示台灣人對退休的滿意度或期望值不高，而這份報告也點出幾個值得探討的問題（如下頁圖）。

　　這份報告指出全球有 24％尚在工作中、未退休人士，還沒有為退休做準備，而已經開始做準備的人中，平均有 46％的人因故或遇到困難就中斷。這個比率在 16 個國家中台灣居然排名第二，高達 54％的

人還沒開始做退休準備，或是因故中斷。

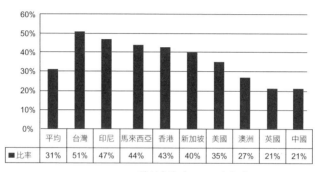

↓ 全球已退休人士後悔沒有早一點做退休準備比率

	平均	台灣	印尼	馬來西亞	香港	新加坡	美國	澳洲	英國	中國
■比率	31%	51%	47%	44%	43%	40%	35%	27%	21%	21%

（資料來源／HSBC　出處／ifa—cfpsite.com）

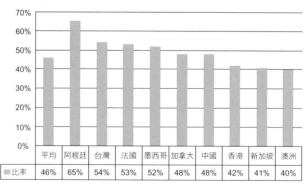

↓ 全球未退休人士開始做退休準備、停止或遇到困難中斷之比率

	平均	阿根廷	台灣	法國	墨西哥	加拿大	中國	香港	新加坡	澳洲
■比率	46%	65%	54%	53%	52%	48%	48%	42%	41%	40%

（資料來源／HSBC　出處／ifa—cfpsite.com）

　　對於退休金來源的期待顯然全球都類似，多數人會以現金儲蓄方式存退休金，但是對於政府退休金的期待，已退休及尚未退休的人差異很大。從下圖中的比率：未退休的30％，對比已退休人士的45％，可見得因為經濟疲軟，各國政府財政困難，未退休人士對於以後是否可以拿到政府退休金的期待，已經不是那麼有信心了。

　　台灣人對於退休金來自於政府的期待是37％，低於全球平均的45％，顯示大家對於退休是否可以領到勞保老年給付及勞退新制退休金的期待都很沒有信心。

　　這份報告指出台灣人對退休金準備的情況是：已退休人士有一半以上，都後悔沒有早一點做退休準備，但是同樣有高達54％的人還沒

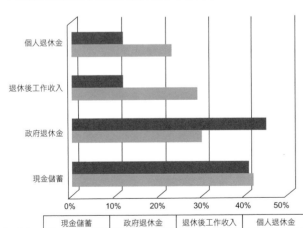

↓ 已退休及未退休人士期待退休金來源的差異

	現金儲蓄	政府退休金	退休後工作收入	個人退休金
■ 已退休	41%	45%	12%	12%
■ 未退休	42%	30%	29%	23%

（資料來源／HSBC　出處／ifa—cfpsite.com）

開始做退休準備，或是因故中斷，這兩項比率台灣都是名列前茅，可見在退休準備上，跟全球其他國家比起來，台灣人還有待加強。

退休準備應該怎麼做？

退休到底需要準備多少錢？怎麼做準備？相信你一定被一堆的基金公司、壽險公司、媒體新聞及理財專家搞得暈頭轉向：有人說沒存夠 3,000 萬別想退休，有人說要 1,000 萬，到底要存多少？我只能說數字都是別人炒作出來的，退休不必把自己搞得那麼緊張，但退休準備是一定要做的，因為醫學發達人類壽命延長了，如果正常狀況下，你退休後還有 20 年可以活，這麼長的一段時間生活費要靠什麼來支應？不早做準備是不行的。

退休準備需要考慮以下幾個因素：

1. 你預期退休後每個月的生活費多少？

2. 預期退休後的年數是多少？

3. 物價指數：通貨膨脹率多少？

退休後因為已經沒有工作收入，但是又要有生活費等支出，因此退休規畫最基本的原則，就是以上述三個因素來推估你所需要的退休金。

大原則就是在我們還可以工作的時間內，累積到退休所需要的退休金，退休後就以這樣的退休金準備，以保守的方式把這筆錢放在定存或是做適當的投資管理，讓它可以提供我們每月所需的生活費。

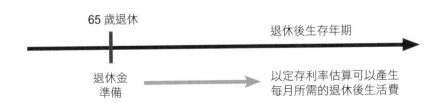

但是通貨膨脹也是我們要考慮的因素，因為物價逐年上漲，如果不把這因素考慮進去，到時準備好的退休金會發生無法支應生活花費的狀況。物價上漲代表貨幣購買力下降，因此以後你必須要用更多錢才能購買相同的東西。

如下表，如果在通膨 3％下，到 20 年後物價將是現在的 1.81 倍，因此如果你想要準備 20 年後的退休生活費，可以維持現在每個月有50,000 元的水準，那時你將會需要 50,000 元 ×1.81 ＝ 90,500 元。

通貨膨脹率／年期	15 年	20 年	25 年	30 年
2%	1.35	1.49	1.64	1.81
3%	1.56	1.81	2.09	2.43
4%	1.80	2.19	2.67	3.24

如果想要 20 年後，有現在每個月 50,000 元水準的退休生活費，計算的架構如下：

1. 20 年後你每月需要的錢：50,000 元 ×1.81 ＝ 90,500 元
2. 假設你到時可以領到的勞保年金：19,053 元／月
3. 假設到時可以領到的勞工個人退休金：15,984 元／月
4. 退休金缺口：90,500 元 −19,053 元 −15,984 元 ＝ 55,463 元／月
5. 扣掉現有的準備

如果你有購買利率變動型年金保險，20 年後每月給付 5,860 元，
55,463 元－5,860 元＝ 49,603 元，每月退休金缺口還差 49,603 元。
如果以 3％投資報酬率算，退休後生活假設還有 20 年的話，你必須
在 20 年後退休時準備 8,966,322 元。

剩下的問題是，如何在 20 年內存到 8,966,322 元，當然，它
跟你可以準備的時間長短，與選擇工具的投資報酬率息息相關，可
以準備的時間越長及投資報酬率越高，所需要花的成本就越少。
不同的準備時間及投資報酬率下，要存到 8,966,322 元，每月所需投
資的金額如下表：

報酬率／年期	20 年	15 年	10 年
3%	27,243 元	39,405 元	64,004 元
6%	19,309 元	30,678 元	54,441 元

退休規畫基本上不困難，但是退休後只有生活費的問題嗎？
有一個問題可能很多人都忽略了，那就是老年長期照護的問題。
由於人口快速老化，2033 年台灣將成為全球老化指數（老人／幼年人
口比例）最高的國家。台灣地區截至 2011 年 11 月底，65 歲以上老年
人口已達 10.87％，預計在 2025 年會超過 20.3％，約有 475 萬餘人，
將邁入所謂超高齡社會，而預計 85 歲以上的老年人有一半以上需要
長期照護。
長期看護的費用相當可觀，輪椅、氣墊、特殊衛浴器材等一次
性支付的費用動輒數萬元，加上看護費用及需重複購買的紙尿布、

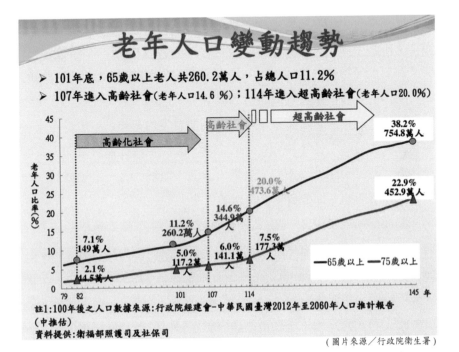

老年人口變動趨勢

➢ 101年底,65歲以上老人共260.2萬人,占總人口11.2%
➢ 107年進入高齡社會(老年人口14.6 %);114年進入超高齡社會(老年人口20.0%)

註1:100年後之人口數據來源:行政院經建會-中華民國臺灣2012年至2060年人口推計報告
(中推估)
資料提供:衛福部照護司及社保司

(圖片來源/行政院衛生署)

衛生醫療用品等,每月約在 23,000 元～ 100,000 元之間。前陣子跟前同事聊起,他說他們媽媽最近送進安養中心,因為媽媽現在已經需要 24 小時特別看護,費用竟高達一個月 12 萬元!我聽了當場傻眼,這還真不是每個人可以負擔得起的。以前家庭人口數比較多,父母親有需要什麼醫療或看護的費用,由於兄弟姐妹多,大家平均分攤一下負擔都不會太重。但是現在家庭人口數多半都不多,台灣家庭平均人口數甚至於只有 3 點多個人,因此父母以後如果有什麼醫療、看護支出,要由子女來負擔,這個擔子是相當沉重的。

加上現在單身不婚族、雙薪頂客族不少，以後的退休準備除了要準備退休生活的準備金外，老年長期看護費用的準備，恐怕也必須列為必要，且須提早規畫的項目。因為長期看護的費用並不在任何醫療險的給付項目內，醫療險的理賠是針對因意外、疾病等產生住院的費用做理賠，因此前提就是必須要住院，而長期看護的老年人一般是在家裡或是安養中心等，並不符合住院的定義，因此無法從保險公司現有醫療險得到給付，除非你購買了長期看護險，遺憾的是，這項商品一向不叫好也不叫座，保費貴，保障也不足。

根據壽險公會統計，國人投保長期看護險的普及率依然不高，雖然近幾年的銷售量有增加的趨勢，但是投保率卻仍然只有個位數。2011 年長看險新契約有 60,364 件，有效契約為 375,370 件，從身分證總歸戶來看，投保率只有 1.6％；總保費收入 83 億元，僅占壽險業總保費收入的 0.0038％。雖然目前政府有在研擬開辦長期照護保險，但是到底是何時要開辦都還未定，而且政府財政窘困，長期照護保險恐怕也不像全民健保一樣可以全民納保，所以唯有自己多做準備，建議在做退休規畫時，除了生活費的準備外，也應該把長期看護所需的費用一併列入考慮。

②
公務人員如何補足退休金缺口？

最近看到一個有趣的新聞報導：政府推動年金改革讓公務員退休所得大幅減少，日前有公務員連署，爭取放寬兼差賺外快相關規定，銓敘部官員證實，正研擬修正《公務人員服務法》，並規畫「公務員兼職兼業許可辦法」配套，一經報請機關許可，公務員在非上班時間即可兼差，但兼差每月薪資不超過 21,009 元基本工資，兼課則每月最多 20 小時。如果真是這樣，以後你可能會碰到，在麥當勞買漢堡時的收銀員，就剛好是你早上去戶政事務所，幫你辦理戶口登記的那個阿姨。不管年金改革如何紛紛擾擾，立法院已經三讀通過公務人員退休資遣撫卹法，依照銓敘部試算，公務人員已退休採新舊制並行者，年資 35 年或 30 年，主管退休金的減幅將達到 30％～ 38％，非主管的減幅至少在 3 成以上。這些對公務人員以後退休金給付的減少，影響可謂不小，公務員以後又該如何因應，來補足減少的退休金？ 我們先來看它造成的影響。

退休金減少，馬上會受到衝擊的對象是已經退休的公務員：

已退休且支領月退休金者

　　公務人員支領月退休金者，其月退休總所得＝優存利息＋月退休金，可領退休金會減少，是因為所得替代率減少，及18％優存利率2年歸零造成的。

　　月退金優存利率2年歸零，也就是在前2年降為9％，並於第3年歸零；如果是領一次退休金的則是分階段調降，每2年按12％、10％、8％之順序，在第7年後降至6％的利率。所得替代率方面，不論年資或退休等級為何、是純舊制或新舊並行，所得替代率均較原先減少15個百分點（如原先為75％的降到60％，原先為60％的降到45％）。

試算結果

注意：本試算系統目前只適用於「公務人員退休資遣撫卹法實施前已退休生效」且「支領月退休金」人員（兼領月退休金人員及支領一次退休金人員不適用）！

退休審定基本資料：

退休生效日	1050701	審定俸額	39,090
審定舊制年資	14	月補償金	0.50%
審定新制年資	21	優存本金	451,900

您在調降所得替代率之過渡期間各年度可支領的月退休所得明細如下：

107年7月1日～ 108年12月31日	58,635	116年1月1日～ 116年12月31日	49,253
109年1月1日～ 109年12月31日	57,462	117年1月1日～ 117年12月31日	48,081
110年1月1日～ 110年12月31日	56,290	118年1月1日 以後	46,908
111年1月1日～ 111年12月31日	55,117		
112年1月1日～ 112年12月31日	53,944		
113年1月1日～ 113年12月31日	52,772		
114年1月1日～ 114年12月31日	51,599		
115年1月1日～ 115年12月31日	50,426		

銓敘部／
年金改革試算系統

　　銓敘部以去年 7 月 1 日退休公務人員為例，年資 35 年、薦任 7 職等 590 俸點的主管人員，舊制年資 14 年、新制年資 21 年，審定俸額 39,090 元，月補償金 0.5％，優存本金 451,900 元，目前月退可領 68,646 元，但改革第一年，所得替代率減為 75％、優存利率降至 9％，月退金為 58,635 元，減少 10,011 元；到第 16 年，替代率降至 60％、優存利率歸零時，月退金為 46,908 元。

　　如果登入銓敘部年金改革試算系統做試算，但改革第一年，所得替代率減為 75％、優存利率降至 9％，月退金為 58,635 元，減少 10,011 元，少了 14.6％，到第 16 年，替代率降至 60％、優存利率歸零時，月退金為 46,908 元，減少 21,738 元，少了 31.7％。

　　如果把改革前後的月退金額列出來，會比較清楚前後金額差距多少，你會發現退休金的減幅將達到 30％～ 38％，以下列舉幾個退休等級為例：

新舊制任職 30 年、105 年 7 月 1 日退休、所得替代率：10 年從 67.5%調降到 52.5%:

退休等級	職務別	改革前月退	107.7.1~108.12.31 替代率67.5%、優存9%		114.1.1~114.12.31 替代率58.5%、優存0%		118.1.1 以後，替代率52.5% 優存0%	
			減少後金額	減少%	減少後金額	減少%	減少後金額	減少%
委任 5 等、年功 10 級、520 俸點	主管	55,578	46,481	16.37%	40,283	27.52%	36,152	34.95%
	非主管	52,001	46,481	10.62%	40,283	22.53%	36,152	30.48%
委任 7 等、年功 6 級、590 俸點	主管	64,832	52,772	18.60%	45,735	29.46%	41,045	36.69%
	非主管	59,917	52,772	11.92%	45,735	23.67%	41,045	31.50%
委任 12 等、年功 4 級、800 俸點	主管	90,227	71,651	20.59%	62,098	31.18%	55,729	38.24%
	非主管	87,299	71,651	17.92%	62,098	28.87%	55,729	36.16%

（資料來源／ ifa—cfpsite.com）

支領一次退休金

假設你是一次退休金加公保養老給付，本來存了 300 萬優惠定存，每月可以領利息 45,000 元作為退休金。但是明年開始，這 300 萬就不再全部適用 18％的優存利率，它分兩個階段：第一段是為保障弱勢及基本生活，有設最低保障金額為 32,160 元

如果領一次退休金的，每月領的利息最低保障金額就是 32,160 元的樓地板，低於此標準者不砍退休所得。用 18％利息換算，每個月要領 32,160 元的利息，本金是 2,144,000 元，這一部分會一直維持 18％利息。

但是超過最低保障金額部分的 856,000 元，利息會從 107 年 7 月 1 日開始實施後降為 12％，逐步降低，到 114 年降低為 6％，之後就不再降了，從這例子你會看到月領 45,000 元利息，會降到 36,440 元，降幅達 19％。

↓ 調降優惠存款利率

期間	等於或低於最低保障金額部分			超過最低保障金額部分			每月合計利息
	本金	利率	利息	本金	利率	利息	
107.7.1~109.12.31	2,144,000	18%	32,160	856,000	12%	8,560	40,720
110 年~111 年	2,144,000	18%	32,160	856,000	10%	7,133	39,293
112 年~113 年	2,144,000	18%	32,160	856,000	8%	5,707	37,867
114 年以後	2,144,000	18%	32,160	856,000	6%	4,280	36,440

支領一次退休金(一次退休金＋公保養老給付合計以 300 萬元本金，月領 45,000 元利息為例)

(資料來源／ifa—cfpsite.com)

在此提供以下幾種方法來補足減少的退休金：

1. 退休金減少大勢底定，你應該及早準備

不管是已退休或是未退休，以後的退休金減少已是不可避免的
事，你以前可能從來沒有關心過自己的退休金會是多少，但是現在必
須要開始關注一下，因為改革後退休金減少的幅度滿大的。你也必須
開始學習投資理財這件事：如何利用適當的工具，現在就開始為退休
做準備。你需要針對自己的財務現況做一點整理，補足退休金的缺口，
需要做什麼樣的規畫？如果是以前已經有在做退休準備，可以把它拿
出來做個檢討：你是用什麼樣的投資工具，績效如何？退休金的缺口
增加了，需要如何做調整等。

2. 規畫退休現金流來源，補足減少的退休金

對未知的事情我們常常會感到憂心或者恐懼，但是對年金改革這
件事情，其實也不用太過擔心。你應該靜下心來，把退休後到底需要
多少錢這件事情好好想一下。理論上，退休後所需要的花費金額，應
該是未退休之前生活費的 70％，但實際金額還是要估算一下。譬如說
依你現在的生活水平，一個月大概花費多少，退休後可能會減少或增
加些什麼花費。交通、外食的費用會減少，但醫療費用可能會增加，
此外，退休後因為空閒時間變多，有可能在學習、興趣、嗜好等方面

的消費也會增加。可以把這些都列出來之後，再把未來可能可以得到的退休給付金額做個預估，將兩者相減之後，得出的不足金額，就是你需要做的退休的準備，將這個退休的準備金再換算成你若從現在開始做退休規畫，會需要多少金額來開始做投資等。

如果把你的退休現金流，想像成一個現金存款戶頭，這個現金存款帳戶，最好是有固定的現金流流入，來支應你退休生活所需要的錢。例如把你的退休現金流分別依以下幾個來源規畫，讓現金流持續流入此一帳戶，以維持退休生活：

（1）公教保險退休金給付

（2）固定收益型投資帳戶

（3）成長型投資帳戶

（4）保險確定給付

如果已經退休了，最好退休金的來源要相對穩定，你不可能期待退休後，全部的退休金來源皆源自於每天炒股所得，因為那個變化太大。但是為了對抗通貨膨脹，建議在退休之後，還是維持一部分投資資產，投資在相對穩定成長型的投資標的。當然這些資產配置，必須因應個別的退休狀況調整。未退休前，整個投資資產配置上，成長型投資帳戶的比例多一點，例如 70％；固定型收益的投資帳戶金額占30％，退休後可能調整為：成長型的投資帳戶 30％，固定型收益的投資帳戶 70％。

3. 慎選投資工具

有很多投資工具，都可以作為退休的規畫：保險、股票、基金、ETF（指數型股票基金）等，但是在這麼多金融投資工具中，還是必須慎選。應該避開那些看似誘人，但可能暗藏陷阱的投資標的，因為它有可能是詐騙。例如標榜年報酬率24％的投資標的，最後證實是吸金詐騙；媒體炒作得很熱門，或是金融從業人員一直在鼓吹的商品，可能不見得適合你的退休規畫需求。投資報酬率雖然重要，但是風險也需要注意，畢竟投資若是虧損了50％，需要賺兩倍的錢才能夠回到原點，而這樣的大幅波動，對你的退休規畫都會造成很大的影響。

4. 以目標基礎的投資法來投資

退休規畫可以用目標基礎的投資法來做，就是它的投資是為了完成特定的財務目標而做的。傳統投資方式都是以追求超過市場報酬率為目標，但是目標基礎投資法考慮的是風險跟報酬一樣重要。舉例：如果有一個人，明年就要退休了，結果今年市場的投資標的平均都跌了30％，而這個人的投資組合只賠了20 ％。無疑的，它的投資組合表現，比市場平均表現都要好，因為它少跌10％，但是這樣的投資不會讓他覺得心安，因為他馬上就要退休，對他的影響非常大。

目標基礎投資法的投資策略，是根據他特定財務目標來做規畫，投資資產配置也是為個人量身訂做，不同目標可能就有不同的投資策

略。例如你有兩個目標：存退休金及為子女做教育基金規畫，如果你即將退休，投資策略會調整為相對保守，你的投資組合可能是 10％的股票與 90％的固定受益債券等標的，但是子女教育基金是 10 年後才要完成的目標，投資組合可能是 50％的股票與 50％的固定收益，所以兩者的百分比是不一樣的。

③
規畫退休準備：別把高收益債基金
配息當退休收入唯一來源

　　《遠見雜誌》在 2015 年曾做了一次退休理財生活大調查，聚焦於退休生活的理財規畫。調查結果指出，以退休為投資理財目的且投資基金者，有七成六投入在固定配息型基金上，而這類基金中以債券型基金為主配置者近一半。

　　交叉分析卻發現，不管哪個年齡，都配置高比例的固定配息型基金，尤其是 25 ～ 29 歲族群、30 ～ 39 歲有投資基金者，分別有百分之百與超過七成擁有配息型基金。

　　調查說，約六成台灣工作者的退休準備不足，這結果並不讓人訝異，但以退休為投資理財目的且投資基金者，有七成六投入在固定配息型基金上，而且有近 50 ％的人把債券型基金做為投資的主要配置，這就相當耐人尋味。如果這些投資人都是已退休或是接近退休年齡，把配息基金做為投資的主要配置這可以理解，但是 25 ～ 29 歲與30 ～ 39 歲族群的退休規畫是投資在配息型基金，就相當令人納悶了。

　　巧合的是最近幾個已經退休的或即將退休的朋友，其投資組合中，高收益債配息基金都占相當大的比例，不是 100％，就是超過80％以上，而且他們都以為這樣的投資相當保守穩健，每月固定配息也完全符合他們退休規畫的需求，對於這種主要以投資高風險公司債的基金風險一無所知，不禁讓人擔心他們的退休規畫。

　　在退休規畫的投資上，有以下幾個議題值得探討：

1. 高收益債基金並非穩賺不賠，拿了配息可能輸了本金

　　很多人買高收益債基金只看它的配息部分，認為它穩定配息可以提供退休生活費的來源，但可能忽略了高收益債基金淨值會變動，仍有可能造成虧損。在金融風暴時，亞洲區及全球型股票基金跌幅為 –65％，而整體高收益債基金的跌幅也在 –40％～ –45％之間，甚至更高，高收益債基金並不是沒有風險。

　　債券基金總報酬＝配息金額＋基金淨值漲跌，把以下兩項加總，才是真正的報酬率：

　　（1）利息收入

　　（2）資本利得

　　如果你買了高收益債基金，可能以為它每月穩穩的配息就跟錢擺銀行定存一樣，但是這兩者其實有很大的不同。銀行定存的本金可以100％拿回，債券型基金贖回時的淨值卻會隨著市場利率變動，本金有可能虧損。

舉例：如果你買了 100 萬高收益債基金，淨值 10 元，年配息 5%，一年後淨值下跌 1 元：

資本利損：（10 元－ 9 元）÷ 10 元 × 100 萬元＝ 10 萬
配息：100 萬元 × 5%＝ 5 萬元
100 萬本金－ 10 萬資本利損＋ 5 萬配息＝ 95 萬
總報酬率＝ 95 萬 ÷ 100 萬 × 100%－ 1 ＝ –5%
因此雖然配息 5%，但是整體算下來當年度還是虧損。

再舉一個真實的例子：下圖為一已退休人士將 1,000 萬資金投資於基金，他以為 80% 投資於低風險的債券基金、20% 在股票基金。經過分析，他持有的 7 支債券基金，多數是高風險的高收益債基金，從 2007 年 7 月 1 日起至 2015 年 7 月 20 日，其淨值下跌幅度多數在 40% 以上，例外一支：BL 美元高收益債基金跌幅比較小，因為是

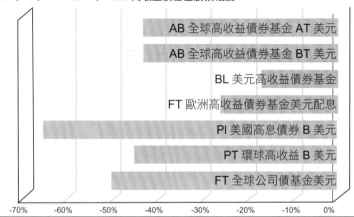

↓2007 ／ 7 ／ 1 ～ 2015 ／ 7.20 **高收益債基金虧損幅度**

	FT 全球公司債基金美元	PT 環球高收益 B 美元	PI 美國高息債券 B 美元	FT 歐洲高收益債券基金美元配息	BL 美元高收益債券基金	AB 全球高收益債券基金 BT 美元	AB 全球高收益債券基金 AT 美元
■ 虧損	-50%	-45%	-65%	-26%	-17%	-43%	-43%

（資料來源／ ifa－cfpsite.com）

2012 年才成立的，可見高收益債基金波動性相當大。高收益債基金的波動程度，其實就跟股票型基金差不多。

2. 退休規畫投資配置以穩健為原則

　　退休規畫可能有幾種狀況：一是你現在年紀尚輕，距離退休還有2、30 年；二是你即將退休或是已經退休了。不管何種狀況，都需要為你的投資做好資產配置，合適的資產配置讓你可以賺取投資報酬，也能分散風險。因此我們會去做資產配置的平衡，讓投資配置中包括股票與債券等標的，利用股票型基金賺取報酬，但是因為它可能有較高的波動風險，我們便同時利用債券的穩定低波動性來降低風險，換取較穩定的低報酬。

　　很多人會把高收益債基金當成類似定存的工具，他們的投資組合中，這種高波動的高收益債基金就占了大部分比例，甚至全部是高收益債基金。然而，債券基金並不全是低風險，若有些債券投資於投資等級債或政府公債，這樣的債券基金就可以發揮股債平衡、降低風險的效果。

　　高收益債基金多數投資於信用等級較弱、違約風險較高的公司債，它的風險性是比前者投資於投資等級債或公債的基金風險要高，幾乎就相等於買股票型基金一樣，因為股災來時，它下跌的幅度可能跟股票差不多。如果你把高收益債基金視為一般的債券基金，以為它是穩定、可在面臨市場危機時發揮平衡風險的功能，那你就錯了，它會跟股票基金一樣讓你賠得很慘！

債券評等	貝萊德環球政府債券基金 A2 美元		聯博全球高收益債券基金 AT 美元	
AAA 評等	38.46%	投資級債券 比例：90.86%	10.81%	投資級債券 比例：35.18%
AA 評等	20.72%		0.25%	
A 評等	25.14%		6.34%	
BBB 評等	6.54%		17.78%	
BB 評等	1.67%	非投資級債券 比例：2.42%	27.44%	非投資級債券 比例：59.71%
B 評等	0.75%		25.5%	
CCC 評等			6.77%	
未評級	5.91%		5.11%	
現金及 衍生性商品	0.8%			

（貝萊德環球政府債券基金 A2 美元截至 2018/6/29，聯博全球高收益債券基金 AT 美元截至 2017/09/30）

　　從以上貝萊德環球政府債券基金 A2 美元、聯博全球高收益債券基金 AT 級別美元，這兩支基金中持有的債券等級，就可以看到貝萊德的基金主要買的是投資級債券，而聯博全球高收益債買的多數是非投資級債券，這兩者的投資風險截然不同。如果你是已退休人士，投資組合中的債券配置，應該把這兩類基金做適當比例的分配（例如60％～70％在投資等級債或公債的基金，30％是高收益債、新興市場債等），才能達到股債平衡的效果（高收益率債券指投資的債券評等低於標準普爾公司評等 BBB 等級，或穆迪投資服務公司評等 Baa 等級）。

3. 別把高收益債券配息當退休收入唯一來源

　　高收益債券配息較符合一般人的退休需求，因為它有月配息的方式。想想看，如果有1,000萬投資在高收益債券基金，假設每年有6%的配息，一個月固定領50,000元配息做退休生活費，是多麼棒的一件事！

　　問題是，這些配息是變動的，有可能會減少，而且這些配息可能就是從你的本金配出來的。各家基金公司網站都會公布其配息比率來自何處。例如某投信網站公布的配息比率，其中一欄：「本金＋配息」顯示的比例。如果這個月配息50,000元，但是其中的60％，30,000元是從投資的本金拿出來再配息給你，你會做何感想？（配息50,000元，其中40％來自於可分配淨利益，60％來自本金，因此你當月真正的配息只有50,000元 × 40％ = 20,000元）。

　　因此別把高收益債券配息當退休收入唯一來源，如果你的投資配置內全部是這些高風險高收益債基金，難保哪天不會因為市場景氣不佳，而提早用光你的退休金。舉例有1,000萬投資在高收益債券基金，每年有6％的配息，但60％是來自於本金，這就相當於這基金每年賺2.4％，但同時你每年自本金中提領了3.6％，這樣等於每年從本金淨提領了12萬元。10年後本金少了120萬元，本金減少了，配息當然也會降低（880萬 ×6％ = 52.8萬元，一個月本來可領5萬元變成領4.4萬元）。更不要說這中間可能碰到類似金融風暴的狀況，就會加劇它本金下跌的風險了。

　　我們再用下頁表這支南非幣高收益債券基金說明：

↓ 聯博全球高收益債券基金
（本基金主要係投資於非投資等級之高風險債券且配息來源可能為本金）

級別	AA(穩定月配) 級別美元					AA(穩定月配) 澳幣避險級別				
配息基準日	淨值	每單位配息金額	當月配息率*	年化配息率*	當月報酬率(含息)^	淨值	每單位配息金額	當月配息率*	年化配息率*	當月報酬率^
2018/05/30	12.17	0.0862	0.71%	8.50%	-1.17%	11.99	0.0849	0.71%	8.50%	-1.11%
2018/04/27	12.40	0.0862	0.70%	8.34%	-0.27%	12.22	0.0849	0.69%	8.34%	-0.37%
2018/03/28	12.49	0.0862	0.69%	8.28%	-0.19%	12.31	0.0850	0.69%	8.29%	-0.20%
2018/02/27	12.64	0.0862	0.68%	8.18%	-1.13%	12.46	0.0850	0.68%	8.19%	-1.15%
2018/01/30	12.85	0.0862	0.67%	8.05%	1.23%	12.67	0.0850	0.67%	8.05%	1.16%
2017/12/28	12.78	0.0862	0.67%	8.09%	0.60%	12.61	0.0905	0.72%	8.61%	0.64%
2017/11/29	12.81	0.0862	0.67%	8.07%	-0.19%	12.64	0.0905	0.72%	8.59%	-0.08%
2017/10/30	12.90	0.0862	0.67%	8.02%	-0.03%	12.74	0.0905	0.71%	8.52%	-0.07%
2017/09/28	12.99	0.0862	0.66%	7.96%	0.43%	12.83	0.0905	0.71%	8.46%	0.47%
2017/08/30	13.02	0.0862	0.66%	7.94%	0.12%	12.85	0.0905	0.70%	8.45%	0.16%
2017/07/28	13.10	0.0862	0.66%	7.90%	1.13%	12.93	0.0905	0.70%	8.40%	1.10%
2017/06/29	13.05	0.0862	0.66%	7.93%	-0.11%	12.89	0.0940	0.73%	8.75%	-0.05%

AA(穩定月配) 南非幣避險級別					AA(穩定月配) 英鎊避險級別				
淨值	每單位配息金額	當月配息率*	年化配息率*	當月報酬率(含息)^	淨值	每單位配息金額	當月配息率*	年化配息率*	當月報酬率(含息)^
81.16	0.8870	1.09%	13.11%	-0.75%	11.90	0.0686	0.58%	6.92%	-1.26%
82.72	0.8870	1.07%	12.87%	0.06%	12.13	0.0686	0.57%	6.79%	-0.42%
83.41	0.9317	1.12%	13.40%	0.31%	12.22	0.0718	0.59%	7.05%	-0.39%
84.30	0.9317	1.11%	13.26%	-0.79%	12.37	0.0718	0.58%	6.97%	-1.26%
85.79	0.9317	1.09%	13.03%	1.65%	12.59	0.0668	0.53%	6.37%	1.02%
85.36	0.9768	1.14%	13.73%	0.99%	12.53	0.0750	0.60%	7.18%	0.44%
85.53	0.9406	1.10%	13.20%	0.36%	12.56	0.0750	0.60%	7.17%	-0.20%
86.14	0.9406	1.09%	13.10%	0.36%	12.66	0.0750	0.59%	7.11%	-0.20%
86.75	0.9940	1.15%	13.75%	0.89%	12.75	0.0750	0.59%	7.06%	0.35%
86.96	0.9940	1.14%	13.72%	0.74%	12.78	0.0750	0.59%	7.04%	0.04%
87.44	0.9940	1.14%	13.64%	1.54%	12.86	0.0750	0.58%	7.00%	0.98%
87.15	0.9940	1.14%	13.69%	0.47%	12.82	0.0750	0.59%	7.02%	-0.19%

（資料來源／聯博投信）

報酬率如下：

累積總報酬

	今年以來	3 個月	6 個月	1 年	2 年	3 年	5 年	成立以來
AA 南非幣避險	0.41%	-0.74%	0.41%	5.41%	25.17%	33.98%	—	44.39%

資料來源：Lipper, 原幣計價，時間截止至 2018/06/30。配息級別為含息報酬率（假設配息滾入再投資）。

（資料來源／聯博投信）

從以上可看到它一年的報酬率是 5.41％（已含配息），但配息卻是 13.31％。

配息基準日	淨值	每單位配息金額	當月配息率	年化配息率	當月報酬率（含息）
2018/6/28	80.20	0.8588	1.07%	12.85%	－ 0.05%
2018/5/30	81.16	0.887	1.09%	13.11%	－ 0.75%
2018/4/27	82.72	0.887	1.07%	12.87%	0.06%
2018/3/28	83.41	0.9317	1.12%	13.40%	0.31%
2018/2/27	84.30	0.9317	1.11%	13.26%	－ 0.79%
2018/1/30	85.79	0.9317	1.09%	13.03%	1.65%
2017/12/28	85.36	0.9768	1.14%	13.73%	0.99%
2017/11/29	85.53	0.9406	1.10%	13.20%	0.36%
2017/10/30	86.14	0.9406	1.09%	13.10%	0.36%
2017/9/28	86.75	0.994	1.15%	13.75%	0.89%
2017/8/30	86.96	0.994	1.14%	13.72%	0.74%
2017/7/28	87.44	0.994	1.14%	13.64%	1.54%
總配息	13.31%		年報酬	5.31%	

（資料來源／聯博投信）

　　所以你就可以理解以下這張表，最左邊的本金＋每單位配息的比例，幾乎都超過 50％，因為它可能就是拿你的投資本金在配給你自己。

↓ 聯博全球高收益債南非幣避險

月份	基金名稱 聯博全球高收益債券基金	級別	每單位 配息	可分配淨利益 ＋每單位配息	本金＋ 每單位配息
2018 年 5 月	（本基金主要係投資於非投資等級之最高風險 債券且配息來源可能為本金南非幣避）	AA 穩定 月配級別	0.8870	45%	55%
2018 年 4 月	（本基金主要係投資於非投資等級之最高風險 債券且配息來源可能為本金南非幣避）	AA 穩定 月配級別	0.8870	44%	56%
2018 年 3 月	（本基金主要係投資於非投資等級之最高風險 債券且配息來源可能為本金南非幣避）	AA 穩定 月配級別	0.9317	53%	47%
2018 年 2 月	（本基金主要係投資於非投資等級之最高風險 債券且配息來源可能為本金南非幣避）	AA 穩定 月配級別	0.9317	39%	61%
2018 年 1 月	（本基金主要係投資於非投資等級之最高風險 債券且配息來源可能為本金南非幣避）	AA 穩定 月配級別	0.9317	46%	54%
2017 年 12 月	（本基金主要係投資於非投資等級之最高風險 債券且配息來源可能為本金南非幣避）	AA 穩定 月配級別	0.9768	40%	60%
2017 年 11 月	（本基金主要係投資於非投資等級之最高風險 債券且配息來源可能為本金南非幣避）	AA 穩定 月配級別	0.9406	40%	60%
2017 年 10 月	（本基金主要係投資於非投資等級之最高風險 債券且配息來源可能為本金南非幣避）	AA 穩定 月配級別	0.9406	49%	51%
2017 年 9 月	（本基金主要係投資於非投資等級之最高風險 債券且配息來源可能為本金南非幣避）	AA 穩定 月配級別	0.9940	47%	53%
2017 年 8 月	（本基金主要係投資於非投資等級之最高風險 債券且配息來源可能為本金南非幣避）	AA 穩定 月配級別	0.9940	45%	55%
2017 年 7 月	（本基金主要係投資於非投資等級之最高風險 債券且配息來源可能為本金南非幣避）	AA 穩定 月配級別	0.9940	40%	60%
2017 年 6 月	（本基金主要係投資於非投資等級之最高風險 債券且配息來源可能為本金南非幣避）	AA 穩定 月配級別	0.9940	44%	56%

（資料來源／聯博投信）

4. 與其完全依賴配息基金，不如建立自己退休提領帳戶

　　多數人其實一聽到高收益債券基金的名稱中有「債券」兩個字，就把它跟投資於投資級債券及政府債的基金歸類為同一種，因此他們的配置中，幾乎全部是高收益債券型基金，期待用它的配息來過退休

生活，這其實存在相當的風險性。建議退休規畫的投資，還是應該運用資產配置的作法，為你的投資做適合的配置。假設你的配置分配比例為：固定收益型 70％、增長型 30％，固定收益型可以選擇收益比較固定的投資標的，除了高收益債券外，還可以有投資級債券、政府債基金、REITS 基金（不動產投資信託基金）的選擇。相對應於基金的標的，也可以選擇費用較低、類似的投資類別、透明度較高的 ETF（指數型股票基金）做配置。增長型的配置主要是在於投資本金的成長，你可以選擇全市場配置的標的：全球股市、美國股市、新興國家股市等基金或 ETF 做配置。

　　與其把全部退休後的投資資產，配置於高收益債這種高風險標的，其實可以把所有投資視為一個退休提領帳戶，每年把它產生投資報酬的一部分提領出來，當做退休生活費之用，這樣的作法讓你的投資不再集中於單一類別的基金、而且承擔較高的風險，退休規畫可以更加穩健。（本文僅為研究用途，非為建議投資標的，投資風險請自行判斷。）

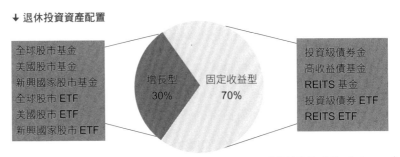

↓ 退休投資資產配置

全球股市基金
美國股市基金
新興國家股市基金
全球股市 ETF
美國股市 ETF
新興國家股市 ETF

增長型
30%

固定收益型
70%

投資級債券金
高收益債基金
REITS 基金
投資級債券 ETF
REITS ETF

（資料來源／ifa-cfpsite.com）

④
跟諾貝爾經濟學家學投資策略

　　才剛剛獲得諾貝爾經濟學獎的塞勒，被尊稱為行為經濟學之父。在傳統經濟學家眼裡，他是一個怪咖經濟學家，因為常常跟他們唱反調。塞勒得獎跟大家有什麼關係？其實他可能是最平民化的經濟學家，他的研究講的是人類在投資、消費等不理性的行為，他的獲獎代表的是行為財務學終於獲得認可，而他的研究也是值得探討，並運用在你的生活和投資上。

　　傳統經濟學假設人都是非常理性的，塞勒以理性經濟人（Econs）稱呼他們。理性經濟人不會情緒化、沒有自我控制的問題，他們都會為退休存夠該存的錢，投資以追求最大利益為前提。傳統經濟學往往假設所有投資人都是理性做投資，例如效率市場的假設：在一個資訊流通無障礙的市場中，證券價格皆能正確、即時及充分地反映所有相關訊息。例如一家上市公司接獲大訂單的消息，可能會影響它的股價上揚，但這樣的資訊是公開的，因此投資人無法因為這樣去取得超額報酬，市場永遠處於均衡的狀態。

　　但人類是有情緒的，投資人在市場即將泡沫化時，股票的價格都漲到最高點，遠遠超過其內在價值，這時候的風險是非常高的，但大部分投資人會受到貪婪的驅使，而不斷追高買進。相反的，在市場崩跌時，很多股票價格遠低於它的價值，投資人如果這時買進，以後應該有不錯的投資報酬，但恐懼卻讓大部分人不敢在低點買進，永遠在追高殺低，投資自然沒有好績效。

　　我們會在剛拿到薪水時去大血拚，看到百貨公司周年慶，平常從不降價促銷的品牌，現在居然打五折，就拚命加入搶購行列，也顧不得家裡還有不少衣服、化妝品是還沒拆封的。一般人面對消費、投資時所做的決定，反而與經濟學家假設的標準性模型相去甚遠，這種不合理行為可能造成嚴重的後果。

　　以下就來探討塞勒提出的觀點，以及在理財上如何因應它會造成的影響：

過度自信

　　塞勒指出：「大部分人認為他們比一般投資人更厲害，結果就是他們過度頻繁的交易、投資資產分散得太少。過度自信也讓投資人，在泡沫即將來臨的時候還會去投資，他們認為自己可以比其他投資人更知道如何做反應。研究顯示，若投資人交易越頻繁，他們的報酬越低，尤其是男人在這方面比女人更嚴重。」你每天會花很多時間去研究市場、看分析報告？過多的資訊對投資人並無幫助，所以塞勒勸投

資人不要去看財經金融方面的新聞文章，因為過度自信的投資人會高估經由交易帶來的利得，而造成過度交易行為。

⊙解方：

把自己的個人家庭財務做一番整理，了解自己的資產、負債狀況，以及希望達成的財務目標。許多人做投資會追高殺低，過度自信頻繁交易等，因為他們不清楚投資的目的是為了什麼，因此會胡亂投資。例如如果你的投資目的是為了做退休規畫，你還有 15 年退休，之後希望每個月維持跟現在生活水準，每月一樣有 40,000 元生活費可用，扣除預期可以領到的勞保老年年金、退休金後，你需要每個月投資 4,000 元，預期年報酬率 6％就可達到退休目標，這時你該關注的是如何投資，讓風險降低，穩定達到所需要的報酬率，而不是追求最高報酬。而這並不需要每天看盤或追高殺低，這時你需要一套投資管理模式做好平衡資產配置及後續的管理。

損失厭惡（loss aversion）

塞勒指出：「從歷史數據來看，投資股票可以比投資在債券或存款帶來更多報酬，但股票價格會波動，可能會產生較多損失，讓投資人不敢去投資股票，因此無法藉由股票投資，得到長期增值報酬的機會。」由於這種損失厭惡的心理，讓投資人對金融業者推出的所謂固定配息的商品趨之若鶩。例如高收益債基金、類全委投資型保單等，只要打著配息口號，往往能造成熱賣風潮，投資人眼裡只看到配息，

根本不管它整體的投資報酬率可能是負的。

⊙解方：

部分投資人的投資配置，往往取決於他們周遭接觸到的金融從業人員：可能是銀行理專，或是保險從業人員。實務上，我們碰到不少人，他們買的商品基金、保險等五花八門，他們多數都不知道當初為何要買這麼多，以及為什麼要買等。其實不知為何而買，就很容易落入誤區，只看到金融業展示給你看的吸引人的報酬、配息等，卻不清楚那些商品的細節、風險等。你也許不了解這些細節，但可以找一個夠專業、可以提供你客觀建議的財務顧問諮詢，以避免這些財務行為學上的迷思，影響你做出理智的決策。

缺乏自制力

塞勒有一項有趣研究，題目是：「為什麼人們的新年目標總是很難實現？」透過「計畫者－行動者」模型，他去探討多數人缺乏自制力的問題。塞勒假定每個人同時有兩個自我，一個是向前看的計畫者，立意良好，而且關心未來，另一個行動者則是不顧後果，完全活在當下。這兩者之間存在著相當的矛盾，例如你體重過胖了，也知道過胖會影響身體健康，所以需要減肥，但還是抵擋不了每天吃消夜的誘惑，因此我們的存錢、健身等長期計畫往往會泡湯。塞勒說，絕大多數人都知道自己有自我控制的問題，卻也低估它的嚴重性。

他說一般投資人，如果要成功儲存退休金，就是把錢自動從帳戶

裡存入一個退休計畫（例如美國 401K 退休計畫）。他一直推薦一般人必須儲存退休金，尤其是年輕人，有很長的時間投資。應該把他的資產配置，用一個全球、分散的投資組合的股票做配置。避免去看財經金融方面的新聞文章，更糟糕的是去看金融相關的新聞節目，每天花心思去看這些新聞，造成人們財務與情緒上幸福感的損害。

⊙解方：

從塞勒的研究，我們了解人是不理性的，因此更要有系統的理財，理財要越簡單越好。像做退休規畫這種長期計畫，成功關鍵不是你多麼會投資賺錢，而在於你有一套簡單的運作方式：固定把每月、每年收入的一定比例，轉到一個單獨的帳戶做投資。利用全球、分散的投資組合的股票、債券等標的，做資產配置後的長期投資，不追高殺低、有計畫性地進行投資再平衡。利用低成本的工具如 ETF，可有效分散風險，你大可不必每天去看財經金融方面的新聞文章、研究市場波動等，穩健的投資，就可以帶領你完成未來的財務目標。

心理帳戶

塞勒提出我們心中有不同的「心理帳戶」，我們會為不同的錢，設定不同的特性和使用目的。例如你在拉斯維加斯賭場拉霸贏了 100 美金，你樂得把它大方花掉，事實上，幾天來為了贏這一把，你已經花了不只 100 美金了。因為你把它當成賭贏的錢，並不是辛苦賺來的錢，因此很輕易就花掉了。或是出國旅遊時，你不知不覺會刷卡，買

下原本會精打細算、不會亂買的東西，因為你認為旅遊是犒賞自己，這個錢是歸於旅遊帳戶，跟一般的生活費帳戶是不一樣的。由於消費者這種心理帳戶的存在，往往會做出許多非理性的消費行為。

⊙解方：

事先做好個人與家庭財務預算，把每月及年度收入，按照一定比例（例如 10％～ 20％），撥入投資儲蓄帳戶。再來是分配有多少比例可以用來作為旅遊、花費等用途，這些錢只要不超出預算金額，都可以盡量花用。投資儲蓄帳戶內的錢，就固定做投資，不要挪作他用。如此一來就能計畫性的調整消費行為，自然能養成理財的好習慣。

沉沒成本

在經濟學中，沉沒成本指的是已經付出的成本，是無法挽回的。這表示任何未來的決定，都不應該受到沉沒成本的影響，因為損失已經發生了。但我們在決定是否去做一件事情的時候，往往不僅是看這件事情對自己有沒有好處，也會看我們是否已經在這件事情上面有投入如時間、金錢、精力等。這些已經發生不可以收回的支出，往往影響了我們以後的決策。

生活中有很多類似的例子，像是出國留學兩年，花了約 700 萬，最近感覺工作越做越無趣，一直很想辭職轉行，但卻遲遲未有動作。只因為你多年來在這個工作上投入不少時間心力，如果轉換行去做跟你所學較無關的工作，會覺得出國留學的錢好像白花了。

又例如：有個人用 100 萬投資基金，一年後嚴重虧損跌到剩下 17 萬，這件事情讓他覺得，應該要好好研究投資。於是他花錢上課，下班也都在研究投資很晚才睡。因為這樣的分心，讓他在工作上沒辦法好好表現，之後的加薪、升遷等自然都沒有他的份。事後回想，他的投資因此常常頻繁轉換標的，其實算下來也沒有多賺多少，反而損失更多。

⊙解方：

行為經濟學告訴我們，要學會適度忽略「沉沒成本」，沉沒成本和機會成本往往是有相關聯的，一直關注沉沒成本不但於事無補，反而可能損失更多。例如上面的例子，因為他一直記掛著投資基金的嚴重虧損，因此可能不敢做任何投資，以至於錯失讓資產增長的機會，或是因為太過花心思去研究投資，而錯失工作上可能獲得升遷的機會。

⑤ 建立自己的退休投資策略

　　如果想要開始投資為退休做準備，最重要的一點應該是為自己訂定一個投資計畫，你可能會想：投資不就是選擇報酬率較高的投資標的，為什麼還需要做什麼投資計畫？一般人在投資前就是因為沒有把一些事情想清楚，因此投資時總會患得患失，明明是一個長期投資——20年後需要的退休金準備，投資人只需要做長期性的規畫，卻把自己搞得緊張分分，每天緊盯著電視、報紙、雜誌看，只要媒體說什麼市場可能會有什麼風險，馬上覺得食不下嚥，急著把基金贖回，過幾天又看到報紙介紹說，另一個市場未來前景看好，於是又進場買了另一支基金。

　　這樣投資幾年下來，投資人發現他的資產還是在原地踏步，並沒有因為投入金錢、時間與精力，而獲得合理的報酬。因為等到媒體在為某基金造勢時，基金的淨值往往已經在高點，而市場前景看壞，大家一窩蜂想贖回基金時，基金多數是在淨值的最低點。他的投資永遠是買高賣低，你說這樣投資要如何賺錢？然而頻繁的進出，卻樂了基

金公司與銀行，因為他們前後收了手續費與贖回費用，報酬率當然又更低了。

　　為什麼要訂定一個投資計畫，讓你避免投資人可能會犯的錯誤，並穩健的累積自己的投資資產？要訂定這樣的計畫，有以下幾個重點必須注意：

1. 為投資訂出目標及風險承受程度

⊙訂定投資目標

　　多數投資人為何會在投資上過度倚賴媒體的資訊，患得患失？因為他們無法分辨這些市場的雜訊是否正確，因此一有風吹草動就急於做出反應。你需要為你的投資依時間軸訂定投資目標，舉例如下：

↓ 時間軸投資目標

30 歲　　35 歲　　　　53 歲　　　　65 歲

購屋貸款　子女出國留學　退休生活費每月 3 萬
800 萬　　　600 萬　　老年安養看護費每月 5 萬

　　如果你有購屋、子女出國留學、退休安養這三個目標要達成，你覺得三者是同樣性質，可使用同樣投資工具完成這些財務目標嗎？事實上，三者有滿大的差異性，如果你 5 年後一定要買房子，現在已經存了 600 萬，剩餘的 200 萬要在 5 年內存起來，這 600 萬加上現在每

個月新增的投資金額，你會怎麼投資累積資產？是全部放在一個帳戶做投資，還是分開管理？

　　如果購屋是你一定要在 5 年後完成的財務目標，你把原先存的600 萬與新增的投資金額都擺在一個基金投資帳戶，而你的投資標的是風險波動較大的股票型基金，碰到像 2008 年的金融風暴，全部金額瞬間減少一半，你可能還要再多花很多年才能讓基金的資產回到原來的水位。所以為什麼需要訂定一個投資計畫，就是因為不同的財務目標，要完成的時間點不同、可以投資的時間不一樣、目標的屬性與需求也不一樣（子女出國留學是一整筆的支出，退休安養需要的是每月持續性的現金流需求，而且時間可能長達 20 年以上）。因此要完成這些目標，使用的投資工具可能是不同的，資產配置也不一樣。

⊙風險承擔能力

　　一個人的風險承擔能力，跟他的年齡、工作穩定性，還有投資期間的長短有關，通常一個人工作穩定性較高，與可投資的時間越久，對投資可以承擔的風險越高。當然，願意承擔多大的風險因人而異，有人只要投資資產下跌 10％就睡不著覺，有人認為投資標的下跌 20％是進場撿便宜的好時機，因此不但沒有把投資贖回，反而逢低加碼多買，這沒有對錯之分，只是投資標的一般分為股票與債券兩大類，你可以就這兩類標的做不同比例的資產配置，如果股票比例較高，這樣的投資組合有可能得到較高的報酬率，但是它的波動也會比較大，需要承擔較大的風險，因此投資前要釐清自己願意承擔的風險有多大。

2. 資產配置

投資資產主要可以分配在兩大類：一類是固定收益型，另一類是證券型。固定收益型包括債券、債券基金、貨幣型基金等，波動性較小，可以為投資組合帶來穩定效果。證券型的投資工具，一般是指股票、基金、指數型股票基金 ETF 等，證券型投資工具一般有較高的報酬，但波動性也比較高，它的功能是可以為投資組合帶來資產的增長。固定收益型與證券型的投資工具分配比例要如何配置？較常見的是用年齡當基礎的經驗法則，譬如一個 30 歲的投資人，應該在投資組合中配置 30％的固定收益型，70％配置在證券型，當然這樣簡略的分法比較粗糙，忽略了投資人真正需求。

以債券型跟股票型做不同比例的資產配置，預期可以產生多少投資報酬率？ Vanguard 統計了從 1926 年到 2012 年不同比例配置下的年報酬率，可以做為參考（如下表）：

債券	100%	90%	80%	70%	60%	50%	40%	30%	20%	10%	0%
股票	0%	10%	20%	30%	40%	50%	60%	70%	80%	90%	100%
最佳報酬	32.6%	31.2%	29.8%	28.4%	27.9%	32.3%	36.7%	41.4%	45.4%	49.8%	54.2%
最差報酬	-8.1%	-8.2%	-10.1%	-14.2%	-18.4%	-22.5%	-26.6%	-30.7%	-34.9%	-39.0%	-43.1%
平均報酬	5.5%	6.2%	6.7%	7.3%	7.8%	8.3%	8.7%	9.1%	9.4%	9.7%	10.0%

（資料來源：Vanguard）

債券型跟股票型的比例，又要根據什麼原則來配置呢？美國投資專家萊利・史維哲（Larry Swedroe）建議，依照投資時間長短及個人對投資可以承擔最大損失的比例，來決定投資組合中股票型所占的比例：

↓Larry Swedroe 建議的投資組合中股票比重

投資時間長短	股票配置比例	最大可承擔損失	股票配置比例
3 年或更短	0%	5%	20%
3~6 年	30%	10%	30%
6~10 年	70%	20%	50%
10~20 年	90%	30%	70%
20 年或更長	100%	40%	90%
		50%	100%

　　股票波動性大於固定收益型的投資標的，如果投資時間太短，為了避免因為投資資產減損，造成無法實現財務目標，因此投資標的會以固定收益的投資工具為主，如果投資時間拉長，證券型投資工具所占投資組合的比重便可隨之增加。

　　當然，建立一個投資計畫並不表示一定可以在投資上立於不敗之地，但它可以讓你在財務目標上建構一個投資的清楚藍圖，穩健的利用投資工具的累積效果，逐步實現財務目標，降低一般人常見的投資錯誤：情緒化投資，沒有目標的隨市場資訊起舞，投資追高殺低等。

為何要做資產配置？

　　投資只需要買了擺著不動，長期一定會賺？那倒不見得。舉例：從 2007 年初，開始買進貝萊德世界礦業基金，持有到 2017 年底，總共 10 年的時間也夠長了吧！假設你在 2007 年初是 100 萬元買進，2017 年底

會賺還是賠？答案是虧了 26.12 萬，只剩下 73.88 萬（如下圖）。

↓ 貝萊德世界礦業基金
參考指標：Euromoney 全球礦業限制權重淨回報指數

年度報酬

	2007	2008	2009	2010	2011	2012	2013	2014	2015	2016	2017
年度表現(%)	59.62	-64.12	103.89	29.17	-28.69	-3.09	-24.02	-23.08	-41.35	52.34	30.81
參考指標(%)	56.20	-59.06	109.73	32.42	-27.85	0.34	-25.05	-16.77	-41.08	66.93	31.19

淨值模擬

2006	2007	2008	2009	2010	2011	2012	2013	2014	2015	2016	2017
100	159.62	57.27	116.77	150.83	107.56	104.24	79.20	60.92	35.73	54.43	73.88

　　如果從 2007 年 1 月 2 日以 58.48 美元的價位買進，到 2018 年 7
月 12 日都還沒辦法賺錢，因為 7 月 12 日淨值是 38.18 美元，算下來
是虧損了 34.71％，100 萬只剩下 65.29 萬。

淨值日期	最新淨值	每日變化	最高淨值(年)	最低淨值(年)
2018/07/12	38.1800	-0.1300	44.2700	33.6300

從 2007 ▼ 年 1 ▼ 月 1 ▼ 日 至 2018 ▼ 年 7 ▼ 月 14 ▼ 日 查詢　技術分析進階版 | 說明

貝萊德世界礦業基金A2-USD基金淨值走勢圖

MoneyDJ 最高 113.92

最低 17.16

2007/01/02　　2010/01　　2012/01　　2014/01　　2016/01　　2018/01
2007/01/02~2018/07/12

Date2007/01/02 = 58 4800元(美元)

　　資產配置的意義就是分散風險，投資風險跟投資標的的性質有關。基本上風險大小依序是：全球型＜區域型＜個別國家型＜個別產業型＜個別股票。買個別產業型的標的，其變動風險一定比投資一個區域或國家的標的大。

　　所以，如果你有100萬做投資，可以把它分散在全球型、新興國家、美國地區等標的，也納入不同性質的標的如：債券、不動產信託REITS等。而不是100萬全部壓在一個個別產業：礦業基金上，你的投資自然就不會有這麼大的風險：投資了10年連本金都拿不回來。

　　要做資產配置有以下幾個面向需要考慮：

1. 資產配置中應加入適當比例的固定收益型資產

　　尤其是你的投資期間相當長的時候，更應該做這樣的配置，其中有以下三個重點：

（1）固定收益型投資標的可以有效降低投資組合的波動性

　　威廉・伯恩斯坦（William Bernstein）在他的書《聰明的資產配置者》（*The Intelligent Asset Allocator*）中提到，從歷史資料顯示，投資組合中即使只加入少數比例，例如10％的固定收益型投資標的，也可以有效降低投資組合的波動性，因此對整體報酬的影響極為輕微，換句話說，這樣經過風險調整（例如10％的固定收益型投資標的）後的投資組合，可能比100％股票型投資組合報酬來得高。

（2）固定收益型可防止投資組合產生重大損失

降低波動在市場嚴重下跌時，可以防止投資組合產生重大損失，一旦發生重大損失，投資組合通常需要很長的時間才能回復到原來的價值。

（3）固定收益型投資標的，讓你在市場嚴重下跌時，做資產配置的再平衡

如果你的投資組合全部是股票型投資標的，它們下跌的比例其實相差無幾，你無法去做有意義的資產配置再平衡。

2. 資產配置的資產類別

資產類別可以用地理位置與不同的類型區分，投資人可以依照其投資策略做適當的選擇，用地理位置區分如：美國、歐洲、亞洲太平洋地區、新興市場等，固定收益的類型則有投資等級及垃圾債券等級，而證券類型可區分為大型股、小型股、成長股、價值股等。

舉例來說，就證券類型資產類別，依照投資人不同需求，可做如下不同配置：

§ 組合1：全球股票型基金。

§ 組合2：美國股票基金、EAFE基金（含歐洲及亞洲太平洋地區）

§ 組合3：美國股票基金、歐洲基金、亞洲太平洋基金。

§ 組合4：美國股票基金、歐洲基金、亞洲太平洋基金、新興市場基金。

§ 組合5：美國股票基金、歐洲基金、亞洲太平洋基金、新興市場基金、

全球小型股基金。

§ 組合6：美國股票基金、歐洲基金、亞洲太平洋基金（日本除外）、日本基金、新加坡幣計價全球小型股基金。

3. 為何需要分散資產類別？

沒有一個資產類別是可以永遠獨領風騷、維持亮眼表現的，如果建立一個分散的投資組合，這將讓投資人可以在某些資產類別績效表現落後時，運用再平衡的機制，以較低的價格買入這些資產類別，等待其後續的投資表現。

在Callan 2008~2017的美國週期性投資報酬表中，可以看到不同指數每個年度的報酬比較。新興市場MSCI指數在2009年、2010年2012年都是一個熱門的投資標的。新興市場MSCI指數在2009年報酬率78.51％，2010年也有18.88％的報酬率，但2013年～2015年都是負報酬，在2008年～2017年中有5個年度，新興市場MSCI指數報酬都是負的，如果你的投資資產獨押新興市場，那就免不了要承受相當的損失了。

分散代表要配置所有資產類別嗎？

為了分散，你可能想要把所有資產類別都納入你的投資組合內，不過這樣做不會有太大的意義，太多投資標的只會增加你追蹤、為往

↓2008 ～ 2017 的 Callan
週期性投資報酬表

		新興市場 18.88%		新興市場 18.23%
	新興市場 78.51%	不動產 15.26%	不動產 14.96%	高收益 15.81%
	高收益 58.21%	高收益 15.12%	高收益 7.84%	不動產 9.79%
綜合債券 5.24%	綜合債券 5.93%	綜合債券 6.54%	綜合債券 4.98%	綜合債券 4.21%
2008	2009	2010	2011	2012
不動產 -10.7%	不動產 -30.4%		新興市場 -18.42%	
高收益 -26.16%				
新興市場 -53.33%				

0.00 →（2008 起始列）

（接右頁圖）

後做資產配置再平衡時的困難度，因此投資標的並不是越多越好。一般來說，投資資產配置比例至少要有 3％以上，否則它對整體投資組合的影響效果非常有限，如果有一個投資標的只占整體的 1％，當它的標的價值漲了 10％時，整體投資組合價值也才多了 0.1％而已，這樣的比例實在是太少了。在做投資組合的資產配置時，投資標的的費用要越低越好，因為這些費用的高低直接影響到投資標的的績效。選擇低費用率的投資標的，越能創造較好的投資績效，可以留意以下幾點：

1. 基金費用

購買基金時，基金本身的開支絕對不是只有手續費而已，還有其他費用包括管理費、銀行保管費等，所有費用加起來除上淨資產稱為總開支比率，比率越高，基金淨值被費用吃掉的金額越高，投資績效影響越大。

			高收益 17.13%	新興市場 37.28%
			新興市場 11.19%	高收益 7.5%
	不動產 11.45%			
不動產 12.9%	綜合債券 5.97%	不動產 13.95%	不動產 7.79%	不動產 6.66%
高收益 7.44%	高收益 2.45%	綜合債券 0.55%	綜合債券 2.65%	綜合債券 3.54%
2013	2014	2015	2016	2017
綜合債券 -2.02%	新興市場 -3.19%	高收益 -4.47%		
新興市場 -2.6%		新興市場 -14.92%		

（續左頁圖）　　　　　　　　　　　（資料來源／ifa—cfpsite.com）

2. 其他不會在總開支比率中顯現出來的費用

因基金周轉率高低所產生的費用，基金周轉率越高，代表著投資人要支付更高的交易成本，而這樣的成本支出在淨值內就直接扣除了，周轉率越高所支出的交易成本越高，而投資績效也會越差。

投資前要為自己訂定一個投資計畫，因為訂定一個投資計畫可以讓你避免一些投資人可能會犯的錯誤，讓自己的投資資產穩健的累積。賈許‧伯朗（Josh Brown）對此下了一個註解：你可以從資產配置中學到的事情之一就是：長時間下來，在一個固定的基礎上，投資人的非情緒性（投資行為）可以打敗情緒性（投資行為），不再去管價格的高與低，也少了貪婪與恐懼。而投資人少了非情緒性的投資行為，代表他在投資上犯錯的機率也將大大降低，可以穩健地投資完成

他的財務目標。

為何需要做資產配置？為何需要分散風險？從下面投資波動度的圖形可以看到：投資如果產生虧損，彌補虧損會需要多少報酬率。如果虧損 25％，需要有 33％的正報酬，才能讓投資回到原點。舉例：原始本金 100 元，投資虧損 25％剩下 75 元，這時需要有 33％的報酬 75 元 × 1.33 ＝ 100 元，才能回到本金 100 元，如果虧損了 50％，需要賺到 2 倍，才能回到原始本金。所以說投資不光是考慮投資報酬率而已，如何分散風險、降低投資的波動度也是很重要的。

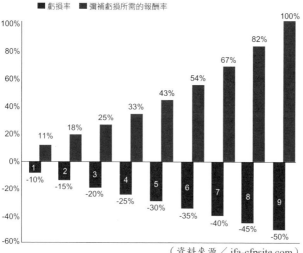

↓ 投資波動

（資料來源／ifa-cfpsite.com）

⑥
案例 1：整理支出做退休規畫

　　在實務上，我們替客戶做理財規畫諮詢時，看到夫妻同心合力、彼此以開放的心胸與財務顧問一起討論家庭財務的各種問題，會讓人家覺得溫馨。但是偶爾也會碰到夫妻二人中只有一人希望做財務規畫，另外一方卻沒有參與。不過，我們還是會建議夫妻雙方共同參與，因為夫妻共同生活，退休後要互相照顧，對於退休後的生活方式、開銷等，彼此在退休前最好都能規畫好，日後才能過著愜意的退休生活。

　　不妨來看以下案例，了解財務規畫如何協助個人與家庭整理好財務狀況，為退休規畫做準備：

　　心湄 41 歲，先生正豪 52 歲，心湄是百貨公司行政人員，每月薪水 35,000 元，正豪是貿易公司業務經理，每月薪水 82,000 元。由於家庭收支一直有入不敷出的現象，她很憂心家裡的財務狀況，尤其是正豪因為工作常要加班、出差等，最近也在嚷嚷想辭掉工作，提早在 55 歲退休，距離現在只剩 3 年的時間。

　　他們的兩個小孩還在念書，分別是大三與大四，他們的投資觀念相當保守，錢都放定存與買儲蓄型保險，除了一般保障型保單外，還各買了一張儲蓄型保單，每年要繳 27 萬保費。因為支出過多，心湄每年還會從保單內做保單貸款借出來，過一陣子再還錢回去。她對財務比較沒有概念，只知道家庭財務有狀況，但並不清楚確實的數字是多少，於是她找到財務顧問幫她做理財規畫，經過財務資料收集的面談，知道他們的收入支出等數字後，整理出以下項目：

↓ 家庭年度收支表

支出項目	年度總金額	百分比	收入項目		年度總金額	百分比
生活費	1,780,065	70%	工作收入	本人	520,000	29%
保險費	293,456	11%		配偶	1,184,000	68%
負債攤還	240,000	9%	理財收入	本人	48,000	3%
儲蓄支出	96,000	4%		收入	0	
其他支出	147,376	6%	其他收入	本人	0	
總共	2,556,897	100%		配偶	0	
收支節餘	−804,897	0.9768	總共		1,752,000	100%
年度損益	−708,897	0.9406				

年度收支

1. 全家整年收入：1,752,000 元
2. 年度支出：2,556,897 元
3. 收支節餘：–804,897 元（透支）
4. 年度損益：–708,897 元（扣除每年儲蓄 96,000 元）

資產與負債

除了 720,000 元的車貸外，沒有其他負債，其他資產金額見下表：

↓ 資產負債表

資產		負債	
項目	金額	項目	金額
活儲	350,000	長期負債	0
外幣	150,000	車貸	720,000
壽險保單現值	1,360,000	房貸	0
股票	50,000	信用借貸	0
自用不動產	15,000,000	親友借貸	0
定存	3,500,000	死會	0
總計	20,410,000	總計	720,000
資產淨值	19,690,000		

支出項目

	項目	金額／月	年度費用	年度合計	所占比率
1	食	18,524		222,288	9%
2	衣	3,000		36,000	1%
3	住	3,500	8,000	50,000	2%
4	行	2,500	35,000	65,000	3%
5	醫療保健		43,032	43,032	2%
6	勞健保費	3,948		48,376	2%
7	孝養金		50,000	50,000	2%
8	所得稅		90,000	90,000	4%
9	旅遊		120,000	120,000	5%
10	信用卡費	45,683		548,196	21%
11	定存	8,000		96,000	4%
12	教育費用		200,000	200,000	8%
13	車貸	20,000		240,000	9%
14	雜項支出		147,376	147,376	6%
15	壽險保費		273,456	273,456	11%
16	產險保費		20,000	0,000	1%
月支出		105,155			
年度支出總計				2,556,897	

財務上面臨的問題

1. 收支無法平衡

每年透支 708,897 元，平均一個月透支 59,075 元，如果正豪在 3

年後提早退休、薪水中斷，家庭收入將因而減少 2/3，這種收支不平衡的狀況會再加劇，財務缺口會更加擴大。

2. 退休準備不足

由於他們所有的儲蓄都放在銀行定存與儲蓄型保單內，現在總計530 萬左右，也從未仔細想過退休後到底需要多少退休生活準備金。

3. 投資工具過於保守

心態過於保守，銀行定存與儲蓄型保單就是他們所有的投資工具，而這兩樣工具的投資報酬率相對較低，以目前的定存利率及儲蓄型保單預定利率，要抵抗通貨膨脹都有問題，更不用說產生實質的投資報酬率了，因此在以後財務目標達成上，相對必須付出比較高的成本。

4. 夫妻對於理財尚未建立共識

心湄對於如何解決家庭財務問題比較積極，正豪則認為理財是麻煩事，不願意去碰觸這方面的問題，因此還不能建立共識，對於如何減少家庭開銷、為退休多做準備等方面，還需要多溝通以達成共識，讓彼此目標一致，為改善家庭財務狀況而努力。

財務目標

（1）盡早讓家庭收支達到平衡。

（2）希望在 5 年後換大一點的房子（約 40 坪）。

（3）準備退休金與老年看護費用。

對心湄與正豪來說，他們需要解決眼前的問題是如何減少開支、讓收支平衡，一旦對現況可以掌握，清楚家裡年度開支、現金流向以後，才能針對問題找出解決方法。所幸他們除了車貸以外並無其他不良負債，只要有心想要開始改善家庭財務狀況，有計畫的付諸執行，家庭財務還是能夠逐漸趨於健全，要完成退休等財務目標也不再是遙遙無期的夢想了。

他們的家庭財務現況是年度收支無法達到平衡，但只有心湄比較急於解決家庭財務問題，而正豪則是覺得事情並沒有那麼嚴重，他認為以前沒有做規畫不是也這樣過了 20 幾年？因此並沒有那麼熱衷於馬上著手改善家庭的財務狀況，所幸在心湄的溝通下，他終於願意坐下來，夫妻兩人與財務顧問一起心平氣和的討論。

他們在財務上面臨的問題與財務顧問的建議如下：

1. 收支無法平衡

問題：每年透支 708,897 元。

建議：顧問為他們分析，以他們現在的年度收入 175 萬元來看，如果正豪在 3 年後退休，家庭收入將減少 118 萬元，如果他們的開銷

不變，原本年度支出透支71萬元，到時缺口將擴大為每年透支189萬元。如果沒有其他收入挹注的狀況下，現有的定存與保單現金價值總計530萬元，將只能支應他們不到3年的現金流，因此建議正豪延後退休年齡。正豪表示他將再與公司主管溝通職務內容，看是否有可能做部分的調整，但是原則上他同意延後至65歲再退休。

他們每年的財務缺口71萬元中，其中最大的兩筆：一是正豪每月的刷卡金額，每年累計達到54.8萬元，二是壽險保費每年27.3萬元。正豪解釋說，他為了讓客戶的外銷訂單出貨順利，另一方面希望建立人脈網路，因此時常請配合廠商的採購與工廠相關人員吃飯以聯絡感情，所以每月刷卡金額一直降不下來。在了解事情的嚴重性後，他答應將減少這方面的支出，盡量以公司可以報銷的交際費為主，而心湄也將利用智慧型手機記帳軟體隨時記帳，再把彙整後的資料提供給顧問，兩個月後他們將再討論支出控制的狀況。

而壽險保單方面，由於每年27萬元的支出已超出他們的負擔能力，建議保留保障性的保單，因為其中的壽險、醫療險、癌症險等是他們需要的保障，但是兩張儲蓄型保單保費高達27萬元，建議不再續繳而以減額繳清（保額降低，但是保單依舊存在）的方式處理。另外在醫療與意外險保障上保障額度有所不足，建議他們提高保障額度，這部分將以在舊保單中附加新的附約，或提高險種保障額度的方式處理。

在財務顧問的協助下，他們做了以下幾件事情：

正豪經過與主管溝通後，與廠商的交際方面由公司給予其交際費

預算，不再由其個人支出，正豪也減少了非必要性的交際應酬。

2. 保單經過調整後，儲蓄險部分做減額繳清，另調整醫療險等內容，保費由一年 27.3 萬元降低為 5.6 萬元。

3. 車貸 72 萬元還清，每月減少 2 萬元的車貸支出。

2. 退休準備不足

問題：除自用不動產外，定存與保單現金價值總計 530 萬左右，但是並沒有針對退休生活準備做適當的規畫。

建議：經過顧問幫他們算過，退休金缺口如下：

	退休年齡	月生活費需求／現值	退休金缺口／月	退休時需準備金額	不同報酬率下每月需投資金額		
					3%	5%	8%
正豪	65 歲	50,000	26,418	6,339,120	36,491	27,645	17,655
心湄	65 歲	50,000	64,178	15,402,720	33,192	28,811	23,073

顧問建議馬上利用投資工具開始做退休金準備，他們開始每個月固定把 2 萬元撥入投資帳戶中做投資，另外把定存 300 萬元以單筆投資方式，投入相同的投資帳戶中。

3. 投資工具過於保守

問題：投資工具只有銀行定存與儲蓄型保單，因為其投資報酬率相對較低，在以後財務目標達成上，相對必須付出比較高的成本。

建議：應將現有定存金額，除留下 3 個月緊急預備金外，其餘轉入適當投資工具，以儲備足夠的退休金準備與老年看護費用。

4. 夫妻對於理財尚未建立共識

建議夫妻兩人每季定期與財務顧問會談，以追蹤財務規畫進行的進度並做適當的調整。

5. 希望在 5 年後換大一點的房子

建議就原有的 1,500 萬價值額度內做換屋的考量，因為以他們的現況不能再增加財務負擔，如果需要換房，可以考慮出售台北市較高房價的房屋後，換購新北市中永和等地區公寓房子，雖然總價差不多，但是因為新北市每坪單價較低，將可以購買到比較大坪數的房子。

⑦
案例 2：調整資產項目，
提高投報率，健全退休準備

　　昭昌 36 歲，是一家軟體公司的中階主管，太太秋華在傳產公司
擔任行政。他們有一個 5 歲的兒子及 3 歲的女兒。以前夫妻倆都是有
錢就花，剩下的錢存在活存。原本也沒想過退休規畫這件事，也沒有
特別為退休做什麼準備。最近因為大家都在討論年金改革議題，在看
了網路上媒體報導勞保可能會破產，上班族的退休金多數還是要靠自
己準備後，讓他們開始思考是否要開始做退休準備。但是對於這個陌
生的項目，說實在的也不知道如何開始著手準備，後來在朋友介紹下，
找了一個財務顧問做退休規畫，花了一點時間，跟財務顧問將財務現
況整理如下：

收入：年薪合計 180 萬元

支出：生活費＋子女教育費等 8 萬元／月，房貸 3 萬元／月

資產：房屋市值 800 萬元，銀行活存 120 萬元，股票市值 50 萬元

負債：房貸 450 萬元

他們的財務目標：

1. 希望 60 歲可以退休，退休生活費夫妻合計每月 10 萬元。

2. 退休後，夫妻每年出國旅遊，每次花費 10 萬元。

3. 子女大學教育學雜費準備，每年 30 萬元，共 4 年。

4. 八年後每 10 年換車，車價 80 萬元。

↓ 收支損益分析

支出項目	年度總金額	百分比	收入項目	年度總金額	百分比
生活費	924,000	70%	工作收入	1,8000,000	100%
移轉支出	36,000	2.73%	本人	1,35,000	75%
			配偶	450,000	25%
保險費	0	0%	理財收入	0	0%
負債攤還	36,0000	27.27%	本人	0	0%
儲蓄支出	0	0%	配偶	0	0%
總計	1,320,00	100%	其他收入	0	0%
收支餘絀	480,000	26.67%	本人	0	0%
			配偶	0	0%
年度損益	480,000	26.67%	總計	1,8000,000	100%

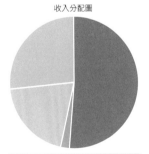

收入分配圖

收入來源

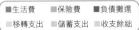

■生活費　■保險費　■負債攤還
■移轉支出　■儲蓄支出　收支餘絀

■工作收入　■理財收入　■其他收入

　　下次碰面時，財務顧問利用簡報，跟他們討論了整體財務狀況。他們的年度收入支出整理出來後，一年還有約 48 萬結餘。因為沒有特別的規畫，這些錢都用在日常開銷、出國旅遊等花掉了。除了昭昌原來公司配發的股票外，也沒有做什麼投資。

↓ 財務現況分析

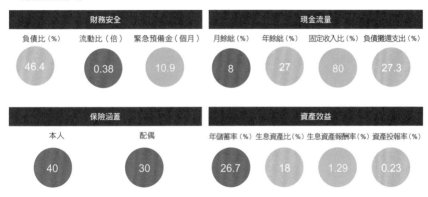

財務安全			現金流量			
負債比（%）	流動比（倍）	緊急預備金（個月）	月餘絀（%）	年餘絀（%）	固定收入比（%）	負債攤還支出（%）
46.4	0.38	10.9	8	27	80	27.3

保險涵蓋		資產效益			
本人	配偶	年儲蓄率（%）	生息資產比（%）	生息資產報酬率（%）	資產投報率（%）
40	30	26.7	18	1.29	0.23

　　從他們的財務現況來看，需要注意以下幾點：

1. 月餘絀太低

　　每月收入 12 萬元減去 11 萬元的開銷，只剩下 1 萬元，有必要經過記帳做收支管理，減少不必要的支出，增加可以做投資儲蓄的金額。

2. 生息資產比太低

　　生息資產是指可用於投資產生報酬的資產，它可能是存款、基金

投資資產、投資性不動產，與其他類別的儲蓄或投資資產，建議比例20％～30％。他們現在有的生息資產是銀行活存 120 萬元、股票市值50 萬元。

3. 生息資產報酬率太低

生息資產產生的投資報酬率建議比例：3％～ 6％以上，他們現有生息資產太少，報酬率太低，全部收入都來自於薪水收入，無法藉由投資產生其他理財收入，也無法達成他們想要的財務目標。

↓ 現金流分析

流動頻率	收入	必要支出	計畫儲置	餘絀
月固定收支（NT$/月）	120,000	110,000	0	10,000
非固定收支（NT$/月）	360,000	0	0	360,000
合計（NT$/月）	1800,000	1320,000	0	480,000

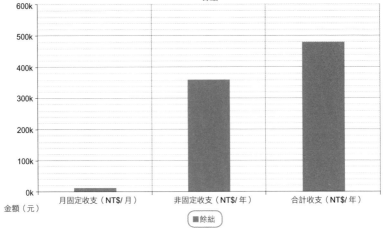

↓ 資產負債表

	類別比例	資產現值總計		類別比例	負債金額總計
流動資產	12%	1,200,000	短期負債	100%	4,500,000
外幣		0	房貸		4,500,000
外幣存款		0	長期負債	0%	0
定存		0			
活期存款		1,200,000	親友借貸		0
金融資產	5%	500,000	地下錢莊		0
上市櫃股票		500,000	證券質押借款		0
基金		0%	投資不動產抵押貸款		0
債券		0			
其他金額資產		0	消費信貸		0
投資性不動產	0%	0	其他投資性抵押借款		0
生活資產	82%	8,000,000	車貸		0
自由不動產		8,000,000			
總資產		9,700,000	總負債		4,500,000

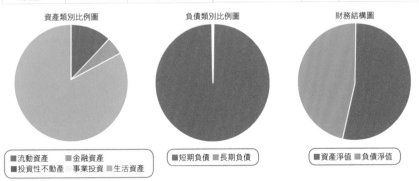

資產類別比例圖　　負債類別比例圖　　財務結構圖

■流動資產　■金融資產　■投資性不動產　■事業投資　■生活資產
　■短期負債　■長期負債　　■資產淨值　■負債淨值

4. 負債比率在警示範圍

　　負債比率＝總負債 ÷ 總資產，負債比率可衡量還債的能力，一般來說負債比率越高，財務負擔越大，收入不穩定時無法還本付息的風險也越大。一般建議家庭的負債比率（總負債／總資產）小於等於

50％，是比較健全的家庭財務管理。家庭可保持適當的負債（例如房貸），20％～40％是不錯的比率，但是如果這比率過高，代表過多財務資源用於房貸等支出，恐怕會影響生活品質，建議比例為30％～50％。

↓ 資產配置分析

資產項目	資產現值	占總資產比例	資產報酬率
安全資金	1,200,000	12.37%	1.00%
活期存款	1,200,000	12.37%	1%
短期投資	0	0%	0%
中長期投資	500,000	5.15%	2.00%
上市櫃股票	500,000	5.15%	2%
自用資產	8,000,000	82.47%	0.00%
自用不動產	8,000,000	82.47%	0%

資產分布表				生息資產配置表			
資產分布	自用資產	生息資產	合計	資產配置項目	配置比例	投資報酬率	配置金額
資產比例	82.47%	17.53	100%	安全資金	12.37%	1%	1,200,000
資產現值小計	8,000,000	1,700,000	9,700,000	短期投資	0%	0%	0
資產報酬率	0%	1.29%	0.23%	中長期投資	5.15%	2%	500,000

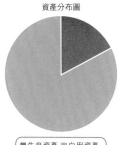

資產分布圖

生息資產配置

解決方案如下：

1. 做支出管理、增加投資為完成財務目標做準備

還好昭昌他們都還年輕，離財務目標：子女教育基金、退休規畫等需要完成的時間都還滿久的，因此有時間及早準備。

財務顧問建議他們做以下幾項調整：

⊙以記帳 App 記帳開始，做支出紀錄及管理

在記帳兩個月後，他們把日常支出太高，或不需要的項目，降低支出或直接減少。

⊙增加投資金額

如此一來，他們每個月可以撥出 2 萬元做投資，另外年度結餘的 48 萬元中，可以撥出 36 萬元做單筆投資，為完成財務目標做準備。

2. 調整投資資產配置以提高投資績效

原先他們有銀行活存 120 萬元、股票 50 萬元，整體投資報酬率不高。經過調整後，他們留下 35 萬元做緊急預備金，剩下的 85 萬元、股票 50 萬元及年度結餘的 36 萬元，均轉入做中長期投資。因為投資金額增加，及預期的投資報酬率提高，將更有助於他們完成財務目標。

預期經過調整後，他們的資產淨值將能因此提高。另外在風險保障方面，財務顧問建議他們提高醫療險、重大疾病及意外等保障額度。

財務結構（流量）

	年收入	年收入上漲率	年度經常支出	年支出上漲率
收支調整（前）	180 萬	2%	148 萬	2%
收支調整（後）	180 萬	2%	124 萬	2%

資產配置（存量）

資產類別	安全資金	短期投資	中長期投資	自用資產
資產配置比例（前）	12%	0%	5%	83%
資產投報率（年）(前)	1.3%	0%	5%	0%
投資資產投報率（年）(前)		2.39%		
資產配置比例（後）	3%	0%	15%	82%
資產報酬率（年）(後)	1.3%	0%	7%	0%
年餘絀配置比例（後）	%	%	100%	%
投資資產投報率（年）(後)		5.83%		

↓ 淨值走勢圖

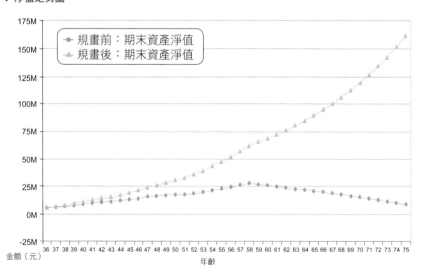

金額（元）

PART **3**

工具篇

1

買 ETF 等於投資於一籃子證券

　　ETF 在維基百科的解釋是：交易所交易基金、交易所買賣基金（Exchange Traded Funds，縮寫 ETF，即**指數型證券投資信託基金**），是一種在證券交易所交易，提供投資人參與指數表現的指數基金。ETF 將指數證券化，投資人不以傳統方式直接進行一籃子證券之投資，而是透過持有表彰指數標的證券權益的受益憑證來間接投資。

　　「ETF」通常投資於一籃子證券或商品，追蹤特定指數（或商品）績效表現，且在證券交易所掛牌上市，兼具股票和共同基金的特性。什麼叫「**投資於一籃子證券**」？你可以自己同時買下台灣 50 大公司的股票：鴻海、台積電、中華電信、國泰金控等股票嗎？這恐怕是不可能的，因為你可能沒那麼多資本可投資，再來是同時管理 50 支股票也有困難。但是你花 8 萬多元買元大台灣 50 這檔 ETF，就等於同時買了台灣 50 大公司的股票。

↓0050 成分股比重

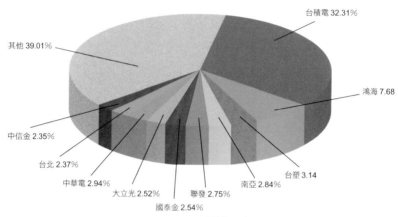

其他 39.01%

台積電 32.31%

鴻海 7.68

台塑 3.14

南亞 2.84%

聯發 2.75%

國泰金 2.54%

大立光 2.52%

中華電 2.94%

台北 2.37%

中信金 2.35%

（資料來源／ Moneylink 富聯網　截至 20180620）

　　0050 截至 2018 年 6 月 20 日的持股如上圖。這些股票即使每家公司各買一張，台積電股價約 220 元，買一張就要 22 萬元。但你不用個別去買這麼多股票，只要持有 0050 這支 ETF，就等於持有這 50 家公司的股票，而且它會自動幫你調整，剔除差的股票，換上表現較好的股票。指數編製規則的目的是要囊括台股中市值最大的五十家公司。

　　0050 這檔 ETF，它追蹤的是由台灣證交所和富時指數公司合作編製的「台灣 50 指數」，這個指數的成分股涵蓋了台灣股市中，市值前 50 大的上市公司。而元大投信管理的元大寶來台灣卓越 50 證券投資信託基金（代碼：0050），這檔 ETF 的方式就是：它的持股內容，必須是有被編進「台灣 50 指數」的公司才行，如果有某一間公

司，在某一年因為市值下降而被踢出「台灣 50 指數」，「0050」的持股內容，也會把這間公司從 0050 的成分股中剔除。所以為什麼說買 ETF 等於投資於一籃子證券就是這個意思。

　　與持有單一個股相比，ETF 的風險較分散，波動也比較低。ETF

證券代碼	證券名稱	股數	證券代碼	證券名稱	股數
1101	台泥	8632	2633	高鐵	5068
1102	亞泥	5641	2801	彰銀	14322
1216	統一	11660	2823	中壽	5953
1301	台塑	11843	2880	華南金	20007
1303	南亞	13732	2881	富邦金	17867
1326	台化	8327	2882	國泰金	19173
1402	遠東新	9542	2883	開發金	33789
2002	中鋼	30068	2884	玉山金	23505
2105	正新	4459	2885	元大金	27960
2301	光寶科	5172	2886	兆豐金	26478
2303	聯電	28800	2887	台新金	23047
2308	台達電	5254	2890	永豐金	25010
2317	鴻海	36281	2891	中信金	44128
2324	仁寶	10034	2892	第一金	23419
2327	國巨	790	2912	統一超	1365
2330	台積電	58405	3008	大立光	249
2354	鴻準	2684	3045	台灣大	3875
2357	華碩	1715	3481	群創	20936
2382	廣達	6470	3711	日月光投控	8300
2395	研華	903	4904	遠傳	3885
2408	南亞科	1904	4938	和碩	4874
2409	友達	21406	5871	F－中租	2814
2412	中華電	9250	5880	合庫金	21382
2454	聯發科	3579	6505	台塑化	3319
2474	可成	1795	9904	寶成	6454

（截至 107 年 6 月）

最大的特色在於走勢與大盤指數的連動性高，ETF 的投資組合與指數成分股幾乎相同，因此當追蹤的指數漲跌多少，ETF 就漲跌多少。ETF 的淨值與指數幾乎同步變動，非常貼近大盤，資訊透明度相對較高，投資人易於掌握行情，所以又稱為「被動式投資」，與一般共同基金訴求經理團隊主動選股不同，投資人較難掌握投資訊息。

同樣的，以全球最大的 ETF-SPDR S&P 500 ETF（SPY）為例（截至 2018/07/12, 2657 億 US\$）。SPY 在紐約證券交易所（NYSE）上市，追蹤美國股市最具代表性的 S&P 500 指數。

SPDR 前 10 大持股				證券名稱	
	公司	權重	股數	公司	權重
1	Apple Inc.	3.95%	54,802,890	Apple Inc.	3.95%
2	Microsoft Corporation	3.31%	85,647,100	Microsoft Corporation	3.32%
3	Amazon.com Inc.	2.96%	4,489,310	Amazon.com Inc.	2.97%
4	Facebook Inc. Class A	2.06%	26,737,544	Facebook Inc. Class A	2.06%
5	Berkshire Hathaway Inc. Class B	1.54%	21,455,232	Berkshire Hathaway Inc. Class B	1.54%
6	JPMorgan Chase & Co.	1.53%	37,955,660	JPMorgan Chase & Co.	1.53%
7	Exxon Mobil Corporation	1.49%	47,195,416	Exxon Mobil Corporation	1.50%
8	Alphabet Inc. Class C	1.48%	3,383,945	Alphabet Inc. Class C	1.48%
9	Alphabet Inc. Class A	1.47%	3,329,166	Alphabet Inc. Class A	1.47%
10	Johnson & Johnson	1.44%	29,898,408	Johnson & Johnson	1.44%

（截至 2018/07/10）

SPDR 的持股比例跟 S&P 500 指數的持股也幾乎都是一樣的。

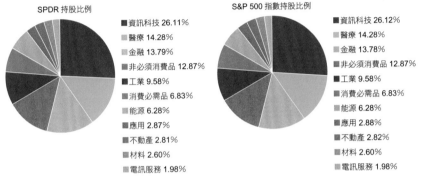

SPDR 持股比例

- 資訊科技 26.11%
- 醫療 14.28%
- 金融 13.79%
- 非必須消費品 12.87%
- 工業 9.58%
- 消費必需品 6.83%
- 能源 6.28%
- 應用 2.87%
- 不動產 2.81%
- 材料 2.60%
- 電訊服務 1.98%

S&P 500 指數持股比例

- 資訊科技 26.12%
- 醫療 14.28%
- 金融 13.78%
- 非必須消費品 12.87%
- 工業 9.58%
- 消費必需品 6.83%
- 能源 6.28%
- 應用 2.88%
- 不動產 2.82%
- 材料 2.60%
- 電訊服務 1.98%

（資料來源／us.spdr.com 截至 2018/07/10）

	ETF（被動式管理）	共同基金
管理方式	被動式管理，以追蹤指數績效表現為目標	主動式管理，由基金經理人主動選股，積極達到報酬率以打敗大盤為目標
交易方式	和股票類似，在一般證券經紀商開戶即可交易買賣。而且 ETF 價格會在盤中隨時變動，在交易時段可下單買賣	依每日收盤後結算的基金淨值來交易
管理費	較低，約為 0.25%～0.75%左右甚至更低（如 Vanguard VTI 只收取 0.04%管理費）	較高約為 1.5%～2.5%
績效表現	隨標的指數漲跌	視經理人操盤能力
人為風險	無；不受基金經理變動與主觀意識影響	有；基金經理變動與主觀意識影響大
投資組合周轉率	較低；定期調整	較高；視經理人操作調整
投資組合透明度	ETF 標的為追蹤指數，故持股內容透明度較高	較難即時得知投資明細

ETF 兼具股票與基金兩者的特色，由於 ETF 是交易所掛牌的有價證券，如同股票，因此其掛牌買賣、交易方式就像股票一樣，投資人在證券商開戶以後，就可以在當地證券市場開放時間買賣 ETF。ETF 因是在交易所掛牌，買賣更有彈性和方便性，相較於一般共同基金每天只有一個淨值報價，ETF 會隨著市場行情變動而有不同的盤中價格，不論是避險、放空或是停損，都能讓投資人更有效率操作。

高透明度、低交易成本上、投資操作靈活

因此共同基金管理費通常較高，股票型共同基金管理費約為 1.5%～ 2.5%，而股票型 ETF 管理費約為 0.25%～ 0.75%（SPY 甚至只收取 0.1% 管理費），相對低廉。

在交易方式上，ETF 和股票買賣一樣，ETF 價格會在盤中隨時變動，在交易時段可下單買賣，投資人操作較為簡便、靈活。而共同基金通常是依每日收盤後結算的基金淨值來交易，ETF 交易方式和股票類似，只要有台股證券帳戶，就可以買賣在台灣上市的 ETF，有美股證券帳戶，就可以交易在美國上市的 ETF，交易相當方便。

你可能會想說，我比較熟悉投資基金，ETF 沒聽過耶，為什麼要投資 ETF？不妨看下晨星的研究報告：

晨星（Morningstar）曾經發布一份 2017 年的全球投資人經驗研究，這個研究從：法規及稅負、資訊揭露、費用及手續費、銷售四個面向評估，評估全球 25 個國家全部的積分。台灣整體評分是在中間

的位置，資訊揭露一項甚至高於平均的評級。唯獨在基金費用手續費這個項目，卻落入最差的等級，在 25 個國家中排名最後。

　　報告中說：以相對及絕對的比較基礎，台灣一向以費用昂貴著稱，而且持續朝更高費用的方向走。台灣的基金成本非常高，尤其是固定收益基金，在所有國家中是最高的。不管是境內或境外基金，台灣前置費用都是最高的。台灣也允許在一個不對稱的基礎上，收取基金經理費，即使基金投資表現不佳，也不用因此降低基金經理費。

↓ 基金費用及手續費排名

最佳	澳洲	荷蘭	紐西蘭	瑞典	美國			
高於平均	南非	泰國	英國					
平均	丹麥	日本	韓國	挪威	瑞典			
低於平均	中國	芬蘭	法國	德國	香港	印度	義大利	新加坡	西班牙
最差	比利時	加拿大	台灣					

（資料來源／ morningstar.lnc）

　　我們以下頁圖這支基金為例，紅色框框的部分代表它收取的費用：

基金名稱	摩根士丹利環球機會基金A		
英文名稱	Morgan Stanley Investment Funds Global Opportunity Fund A		
海外發行公司	摩根士丹利投資管理公司		
台灣總代理	國泰投顧		
成立日期	2010/11/29	註冊地	盧森堡
基金核准生效日	2016/04/25	總代理基金生效日	2016/04/25
基金規模	6,732.40 百萬美元(2018/5/31)	計價幣別	美元
基金類型	全球型基金	投資區域	全球
投資標的	股票型	風險報酬等級 ❓	RR3
最高經理費(%)	1.6	基金評等 ❓	😊😊😊😊😊
最高銷售費(%)	5.75	經理人	Kristian Heugh
最高保管費(%)	0.25	單一報價	Y
ISIN CODE	LU0552385295	配息頻率	
保管機構	J.P. Morgan Bank Luxembourg S.A.	傘狀基金	Y
費用備註	保管費含於行政管理費		

接著來看 Vanguard 全世界股票 ETF（VT），它的總管理費是 0.11％，跟前面那檔基金比起來，應該有感覺差距很大了吧？

盤中報價	技術分析	淨值表格	基本資料	配息記錄	分割合併	持股狀況	報酬分析	報酬走勢
報酬比較	風險報酬	多空報酬	風險分析	相關分析	資金流向	五力分析	趨勢軌跡	投資策略

ETF名稱	Vanguard全世界股票ETF	交易所代碼	VT
英文名稱	Vanguard Total World Stock ETF	交易單位	股/張
發行公司	Vanguard	交易所	NYSE
成立日期	2008/06/24（已成立10年）	計價幣別	美元
ETF規模	16,500.00(百萬美元)(2018/05/31)	淨值幣別	美元
成交量(股)	347,234（月均:1,183,898）	ETF市價	74.7900（07/13）
投資風格		ETF淨值	74.7900（07/13）
投資標的	股票型	折溢價(%)	0.00(月均:0.07)
投資區域	全球	配息頻率	季配
管理費(%)	0.09	殖利率(%)	2.21
總管理費用(%)	0.11（含 0.02 非管理費用）	年化標準差(%)	9.57
選擇權交易	Y	融資交易	Y
槓桿多空註記		放空交易	Y
經銷商	Vanguard Marketing Corporation		

　　另外一個好處是相對於基金，ETF 有更高的透明度，以 Vanguard 全世界股票 ETF〈VT〉為例，你可以看到它的投資區域：

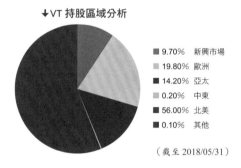

↓VT 持股區域分析

- 9.70%　新興市場
- 19.80%　歐洲
- 14.20%　亞太
- 0.20%　中東
- 56.00%　北美
- 0.10%　其他

（截至 2018/05/31）

　　在 MoneyDJ 的網站，你可以看到它的持股分布在全球幾十個國家，台灣也是其中一個：

↓Vanguard 全世界股票 ETF〈VT〉

| 盤中報價 | 技術分析 | 淨值表格 | 基本資料 | 配息記錄 | 分割合併 | 持股狀況 | 報酬分析 | 報酬走勢 |
| 報酬比較 | 國家報酬 | 多空報酬 | 國家分析 | 相關分析 | 資金流向 | 五力分析 | 趨勢軌跡 | 投資策略 |

持股分佈(依區域)

資料日期：2018/05/31

顏色	區域	投資金額(美元)以萬元為單位	比例(%)
■	美國	874,500.00	53.00
■	日本	138,600.00	8.40
■	英國	97,350.00	5.90
■	中國	52,800.00	3.20
■	加拿大	51,150.00	3.10
■	法國	51,150.00	3.10
■	德國	47,850.00	2.90
■	澳大利亞	37,950.00	2.30
■	瑞士	37,950.00	2.30
■	韓國	29,700.00	1.80
■	台灣	24,750.00	1.50
■	香港	19,800.00	1.20

你也可以直接到 Vanguard 公司的網站去查，可以看到它總共持有 8,107 檔股票：

Vanguard Total World Stock ETF (VT)

Equity characteristics
as of 05/31/2018

	Total World Stock ETF	FTSE Global All Cap Index (Benchmark)
Number of stocks	8107	7843
Median market cap	$42.5 billion	$42.5 billion
Price/earnings ratio	17.0x	17.1x
Price/book ratio	2.1x	2.2x
Return on equity	13.5%	13.5%
Earnings growth rate	8.6%	8.7%
Foreign holdings	46.6%	—
Turnover rate (as of fiscal year end October)	9.9%	—
Short-term reserves	—	—
Fund total net assets	$16.5 billion	—
Share class total net assets	$12.0 billion	—

Vanguard 網站列出其中的 8,063 檔股票及債券、貨幣基金等，每一檔股票持股股份數及市價價值都有，所以它的透明度較高，多數的 ETF 也都是這樣：

8063 Holdings   0 - 30 of 8063   Previous | Next

Holdings	Shares	Market value
Apple Inc.	1,608,622	$300,603,193
Microsoft Corp.	2,378,294	$235,070,579
Amazon.com Inc.	127,500	$207,776,550
Facebook Inc. Class A	749,494	$143,737,959
JPMorgan Chase & Co	1,095,714	$117,252,355
Alphabet Inc. Class C	105,121	$114,055,234
Exxon Mobil Corp.	1,343,279	$109,127,986
Johnson & Johnson	855,935	$102,386,945
Alphabet Inc. Class A	85,095	$93,604,500

　　但是如果是國內可以買得到的基金，以摩根士丹利環球機會基金
A 為例，可以看到它的投資區域，但是你頂多看到的是它的前 10 大
持股：

摩根士丹利環球機會基金A-持股明細	
	資料月份:2018/05
持股名稱	比例
Amazon.com Inc	9.45%
Facebook Inc	6.09%
Mastercard Inc	6.01%
Booking Holdings Inc	5.37%
Tal Education Group	5.13%
Dsv B Shs	4.51%
Hermes International S.A.	4.21%
Moncler SPA	4.13%
Alphabet Inc	4.02%
Visa Inc	3.94%

　　所以 ETF 有這些優點：投資一檔 ETF 等於投資一籃子標的，可
以有效分散風險，投資組合透明、不受人為操控，而且手續費等投資
成本相對較低，如果要用投資工具來做退休規畫，ETF 是一個不錯的
選擇。

ETF 建構退休金規畫

　　ETF 的投資標的如何挑選，如何建立自己的投資組合？晨星有一個晨星終身資產配置指數，它主要是從你距離退休時間的長短，來建議你股票債券分配的比例。例如，如果你是積極型的，且 2030 年才退休，你的配置可以是：股票 82.66％、債券 12.33％，其他通膨避險、現金等 5.02％。如果是穩健型的，這比例是：股票 65.41％、債券 26.51％，其他通膨避險、現金等 8.1％。你可以參考這個比例來做股票、債券比例的分配，比例決定好了，再來挑選適合的標的（請參考 QR Code 晨星終身資產配置指數）。

Morningstar

↓ 積極型

	2050 年	2040 年	2030 年	2020 年
股票	94.22%	93.38%	82.66%	63.94%
美國股票	56.61%	58,58%	54.15%	43.76%
非美國股票	37.61%	34.80%	28.51%	20.18%
債券	3.03%	3.72%	12.33%	24.52%
美國債券	2.43%	3.02%	10.04%	19.99%
非美國債券	0.60%	0.70%	2.29%	4.53%
通膨避險、現金等	2.78%	2.92%	5.02%	11.57%

↓ 穩健型

股票	89.71%	84.34%	65.41%	47.36%
美國股票	54.64%	53.51%	43.33%	32.74%
非美國股票	35.07%	30.83%	22.08%	14.62%
債券	7.54%	12.06%	26.51%	36.31%
美國債券	6.21%	10.00%	22.03%	30.21%
非美國債券	1.33%	2.06%	8.48%	6.10 %
通膨避險、現金等	2.78%	3.62%	8.10%	16.32%

　　而美國的領航公司（Vanguard）有一個 Vanguard 股債配置模型，統計從 1926 年到 2017 年股票、債券不同比例的配置，報酬率會有多少。如下圖，如果股票債券各 50％，平均年化報酬率是 8.4％，股票 60％、債券 40％的組合，平均年化報酬率是 8.8％（請參考以下 QR Code Vanguard 股債配置模型連結）。

↓Vanguard 股債配置模型

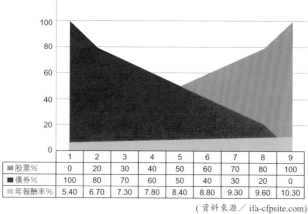

Vanguard

（資料來源／ifa-cfpsite.com）

如果再細看，它的最佳與最差年度報酬是：

股債比例	平均年報酬	最佳年度報酬	最差年度報酬	虧損年數
20/80（股票 20%）	6.7%	29.8%	-10.1%	12
30/70	7.3%	28.4%	-14.2%	13
40/60	7.8%	27.9%	-18.4%	14
50/50	8.4%	32.3%	-22.5%	17
60/40	8.8%	36.7%	-26.6%	20
70/30	9.3%	41.1%	-30.7%	21

要用什麼標準去挑選 ETF 的標的？ 以下是幾個比較常用的指標：

指標	定義	說明
標準差（standard deviation）	基金每月報酬率和每月平均報酬率的差異	衡量報酬率的波動程度，是一個常用的風險指標報酬率的波動值指報酬是否穩定，標準差值越大時，基金波動風險越大
貝他係數（Beta）	基金整體波幅和指標波幅比較	衡量個別股票、或是股票型基金相較於全體市場的變動比例 個別基金受整體市場影響的程度 >1 基金相對市場漲跌幅較大 <1 基金相對市場漲跌幅較小
夏普比率（Sharpe Ratio）	衡量在基金投資組合中，每承受一單位的風險，那麼可望產生出多少的超額報酬。	比率越高，即代表投資人所獲得的報酬在風險調整後越高，代表風險承擔的越值得

標準差

在衡量報酬率的波動程度上，它是一個常用的風險指標。在一段期間內標準差越大，表示基金淨值的波動程度越大，所以基金風險程度也較大。一檔基金一年期標準差為 30％，即代表這檔基金淨值在一年內可能上漲 30％，但也可能下跌 30％，標準差就是一種衡量「波動率」高低的指標。

標準差越大，表示報酬率好的時候與不好的時候相差越大，平均報酬率加上兩個標準差大約是最佳狀況時的報酬率；平均報酬率減去兩個標準差大約是最差狀況時的報酬率。以 Vanguard FTSE 成熟市場 ETF〈VEA〉為例，它的年平均報酬為 4.67％，標準差為 8.24％。

最佳狀況時的報酬率是：4.67％＋ 8.24％ ×2 ＝ 21.25％
最差狀況時的報酬率是：4.67％－ 8.24％ ×2 ＝ -11.81％

貝他係數（Beta）

貝他係數主要是用來衡量個別股票，或是股票型基金相較於全體市場的變動比例。若一檔基金貝他係數為 1，代表大盤上漲 10％時，該檔基金報酬也將同步上漲 10％；反之大盤若下跌 10％，該檔基金報酬也將同步下跌 10％。

如果一檔基金貝他係數大於 1，為 1.5，市場大盤上漲 10％時，該檔基金報酬漲幅將達 5％；反之市場大盤若下跌 10％，該檔基金報

酬跌幅將達 15％。若一檔基金貝他係數小於 1，為 0.5，那麼即代表
市場大盤上漲 10％時，該檔基金報酬將低於大盤，漲幅將只有 5％；
反之市場大盤若下跌 10％，該檔基金報酬下跌幅度也會僅有 5％。

夏普比率（Sharpe Ratio）

夏普比率是衡量投資組合中需承擔多少風險，並可望獲得多少超
額報酬。夏普比率越高，即代表投資人所獲得的報酬在風險調整後越
高，也表示承擔這樣的風險是值得的。

夏普比率的公式為： $[E(Rp) - Rf] \div \sigma p$

而 E（Rp）代表的是預期報酬率、Rf 代表市場上的無風險利率、
σp 則代表標準差，所以它代表的就是：

（平均年化報酬率－無風險利率）÷ 年化標準差

如果我們用 MoneyDJ 網站做 ETF 標的的篩選，它有 ETF 進階
搜尋的功能，例如，我們要挑選全球、除美國以外的 ETF，設定條
件為股票型、區域為全球、美元計價、公司為 Vanguard、
iShares（BlackRock）、SPDR 等公司，篩選出下表以 9 檔
ETF。（請參考 QR Code 連結之 Money DJ 網站）

Money DJ

代碼	成立時間	規模（百萬美元）	總管理費	年平均報酬	夏普比率	貝他係數	標準差
VEA	11 年	108,400	0.07	4.67	0.11	0.65	8.24
SPDW	11 年	2,897	0.04	4.73	0.12	0.63	7.82
ACWI	10 年	8,567	0.33	10.57	0.27	0.77	9.40
URTH	7 年	539	0.24	10.86	0.28	0.77	9.59
VSS	9 年	6,400	0.13	5.68	0.15	0.51	8.00
DGT	18 年	94	0.50	9.31	0.22	1.04	10.12
IWY	9 年	1,067	0.20	23.67	0.54	1.01	10.80
IVLU	3 年	221	0.30	5.16	0.09	0.89	12.77
VXUS	8 年	343,100	0.11	4.33	0.10	0.67	8.33

　　這時我們再利用一些條件來篩選 ETF：設立時間不要太短，規模要夠大，以免有流動性的問題：你想賣的時候賣不掉。夏普比率越大越好，貝他係數越大的 ETF，淨值的變動幅度較大，有可能賺得更多報酬，但是相對的，它的風險也會比較高。藉由這樣的挑選，可以找出適合自己的全球股票型 ETF。同樣的模式，可以找出新興市場、美國市場、債券等的 ETF，把它們全部找出來後，就可以建構你的投資組合了。

　　上表中的 ETF 如下：

Vanguard FTSE 成熟市場 ETF〈VEA〉

Money DJ

SPDR 投資組合已開發國家
不含美國 ETF〈SPDW〉

 Money DJ

iShares MSCI 全世界 ETF〈ACWI〉

 Money DJ

iShares MSCI 全世界 ETF〈URTH〉

 Money DJ

Vanguard 美國以外全世界
小型股 ETF〈VSS〉

 Money DJ

SPDR 道瓊全球龍頭 ETF〈DGT〉

 Money DJ

iShares 羅素 200 大成長股
ETF〈IWY〉

 Money DJ

iShares Edge MSCI 國際價值
因子 ETF〈IVLU〉

 Money DJ

Vanguard 總體國際股票
ETF〈VXUS〉

 Money DJ

3
投資基金，不能不留意手續費

　　如果要做退休規畫，要用什麼金融工具做投資？一般投資人可以接觸到的大概有幾種：台股、基金、ETF 等。而這些工具是透過不同的銷售通路做銷售：股票可以透過券商開戶做買賣，但是基金、ETF 就會有幾種通路：你可能透過銀行買基金，或是透過保險公司的投資型保單購買。也可以透過網路券商平台做交易、買賣基金，其中一家是基富通證券，它是台灣集中保管結算所及櫃檯買賣中心，結合 34 家國內外資產管理公司成立的。

　　你可以在網路上開戶，開完戶就可以買賣基金。這跟銀行買基金有什麼不一樣？最大的差別是所有手續都是在網路上處理，也不用面對銀行理專、保險業務員等。當然有好有壞，優點是可以挑選你需要的基金做投資，不用面對從業人員的推銷，他們因為背負業績壓力，常常是賣你當時他們在推銷的基金，而不是你需要的投資組合，缺點就是你要自己挑選基金、建立投資組合。

　　透過基富通買基金有一個好處是：投資成本比較少，基富通強打

股票型基金手續費 1.99 折，債券型基金 2.99 折。以境外基金常見的收費，買進股票型基金 3％的手續費，債券型基金 1.5％的手續費，打折後會分別變成 0.6％和 0.4％的手續費，這會比跟銀行買划算。

　　除此之外，基金還有很多收費項目，是投資基金時要付出的成本。先來看基富通網站上所寫的通路報酬揭露：

一、投資人支付

項目	說明
申購手續費分成（％）（依台端申購金額）	台端支付的基金申購手續費牌告為 3.00％，其中本公司收取不多於 3.00％。

二、基金公司（或總代理人／境外基金機構）支付

項目	說明
經理費分成（％）（依台端持有金額）	本基金經理費收入為年率 1.50％，台端持有本基金期間，本公司收取不多於年率 1.00％。
銷售獎勵金（％）（依銷售金額／定期定額開戶數）	未收取
贊助或提供產品說明會及員工教育訓練	未收取

三、其他報酬

未收取

再來看某家銀行網站上的基金通路報酬：

基金通路報酬資訊

　　投資人透過本行申購共同基金，基金公司（或總代理人／境外基金機構）所提供本行的通路報酬可分為兩種，說明如下：

一、投資人支付

投資人支付之申購手續費，本行將依銷售契約與基金公司（或總代理人／境外基金機構）分成，該分成比例並不會對投資人的投資損益產生任何影響。

二、基金公司（或總代理人／境外基金機構）支付

本項費用包括經理費分成、銷售獎勵金、贊助或提供產品說明會及員工教育訓練，皆來自於基金公司（或總代理人／境外基金機構），投資人無需額外支付。

　　基金代碼：╳╳╳╳╳

　　基金名稱：╳╳新興市場企業債配 （本基金主要係投資於非投資等級之高風險債券且配息可能為本金，本基金進行配息前未先扣除應負擔之相關費用）本行銷售聯博投信「╳╳新興市場企業債配」所收取之通路報酬如下：

一、投資人支付

項目	說明
申購手續費分成（％） （依台端申購金額）	本基金於本行表定之最高申購手續費率為2％，其中本行收取不多於2％，惟台端實際支付之申購費率請以申購書上約定為準。

二、基金公司（或總代理人／境外基金機構）支付

項目	說明
經理費分成（％） （依台端持有金額）	本基金經理費年率為1.55％，　台端持有本基金期間，本行收取不多於年率1％（已無條件進位到整數位）。
銷售獎勵金（％） （依銷售金額／定期定額開戶數）	本基金募集期間或本銀行2018年第3季精選基金活動期間，╳╳投信依本行銷售金額支付獎勵金不多於0.5％。
贊助或提供產品說明會及 員工教育訓練	未達台幣2百萬元揭露門檻。

三、其他報酬：未達台幣1百萬元揭露門檻。

計算說明：

「✕✕新興市場企業債配」之申購手續費 2%、經理費 1.55%，本行銷售之申購手續費分成不多於 2%、經理費分成不多於 1%，及✕✕投信提供之銷售獎勵金不多於 0.5%。故台端每投資 100,000 元於「✕✕新興市場企業債配」，本行每年收取之通路報酬如下：

由台端所支付之 2,000 元申購手續費中收取不多於 2,000 元（100,000 × 2% = 2,000 元）

✕✕投信支付：

● 台端持有本基金期間之經理費分成：不多於 1,000 元（100,000 × 1% = 1,000 元）

● 銷售獎勵金：不多於 500 元（100,000 × 0.5% = 500 元）

你有看出差異在哪裡嗎？基富通並沒有收取銷售獎勵金，及贊助或提供產品說明會與員工教育訓練的費用。這些費用是做什麼的？那就是基金公司提供給通路的，意思是說銀行賣你基金，除了收你手續費外，基金公司還要付給銀行這些費用：理專的獎勵、出國旅遊等，就是從這些費用支出的。

投資基金所要支出的成本有一次性的費用，如：申購手續費、贖回時的信託管理費等，也有些是持續性的成本，只要你持有該基金，就要一直支付，其中包括：經理費、銷售獎勵金、贊助通路的獎勵金等持續性費用。

這家銀行的資料滿耐人尋味的，它把費用分成以下兩種：

1. **投資人支付**：投資人支付之申購手續費，本行將依銷售契約與

基金公司（或總代理人／境外基金機構）分成，該分成比例並不會對
投資人的投資損益產生任何影響。

2. **基金公司（或總代理人／境外基金機構）支付**：本項費用包括
經理費、銷售獎勵金、贊助或提供產品說明會及員工教育訓練，皆來
自於基金公司（或總代理人／境外基金機構），投資人無需額外支付。

它讓投資人以為他支付的成本只有申購手續費，其他的經理費、
銷售獎勵金等，都是投信或基金公司付的，投資人不用負擔。事實上
這是掩耳盜鈴的把戲，這些費用其實全部都是投資人出的，它就是會
影響你的投資報酬率。

舉例：假設基金公司發行了一檔基金，有 1 萬個投資人，每個人
投資了 1,000 美金。如果都是從銀行購買的，申購手續費 3%，銀行
收走了 30 美金，這基金總共是 970 萬美金。基金公司就從這 970 萬
拿出經理費等內扣的費用，再把它的一部分拿給銀行，這樣你會認為
這個錢是基金公司出的嗎？不是啊！那明明就是從 970 萬裡面拿出來
的，沒錯！那就是你投資的錢，所以，**不要相信「投資人無需額外支
付」這句話，那不是真的**。

這些費用的多寡到底跟你的投資有何關係？當然大有關係，假設
基金公司今年從這檔基金內拿出 3% 的內扣費用，這 970 萬的錢就減
少了 29.1 萬美金，變成 940.9 萬，你基金的淨值每單位本來是 970 美
金，現在淨值已經變成是 940.9 美金，淨值下跌了。

所以為什麼做基金投資時，必須留意一下基金投資的成本手續費
等，各種成本越低，投資報酬率越高。如果你每年多了 2% 的成本，

你知道影響會有多大嗎？如果都不看其他的報酬率，只是增加了 2％的成本，20 年之後你的投資報酬率將會減少 49％，你說它影響大不大？

年數報酬差異	5 年	10 年	15 年	20 年
成本多 1％的差別	－ 5％	－ 10％	－ 16％	－ 22％
成本多 2％的差別	－ 10％	－ 22％	－ 35％	－ 49％

④
基金：目標日期基金與高配息基金

如果你要藉由投資工具來完成退休的目的，首選應該是這個工具可以提供你穩定的報酬。以前這個目的很容易達成，只要把錢存在銀行光領利息就好了。但可惜的是，從 2008 年金融風暴以後，銀行利率定存降到 1%，而台灣保險公司的預定利率也是與定存利率連動的。因此現在的儲蓄險保單，實質投報率算下來，也跟定存差不多。在這種情況下，金融業者只能想盡辦法，開發出各種商品來刺激買氣。於是各種新型態的商品紛紛出爐，在低利的環境下，這些商品果然帶來可觀的業績，它們的共通點就是：固定配息，或是號稱保本、投資報酬率又比定存利率高，這些商品以年配息 5%、6%，或更多配息來吸引投資人，因為正中投資人的需求而產品大賣。

這些產品包括了：高收益債基金、類全委投資型保單、目標到期債基金連結投資型保單。高收益債基金已經出現很久，以前會爆紅是因為它有配息的機制，有關它的細節我們在另一篇文章：〈別把高收益債基金配息當退休收入唯一來源〉有討論到。這裡僅就類全委投資

型保單、目標到期債基金連結投資型保單討論：

一、類全委投資型保單

　　類全委投資型保單是投資型保單的另一種演化，在此之前每家保險公司都有推出連結基金、ETF 等投資標的的投資型保單。只是這些連結的基金、ETF 等，有的公司的基金多達 700 多檔，產生的問題是：業務員不知道如何替客戶挑選基金，後續做資產配置、再平衡等投資管理更是一大問題，業務員可能沒有這種專業，再來是無利可圖。這種保單一般只收第一年的申購手續費，再加上每月保單管理費，業務員只收了一年的佣金，後續就再也沒有收入了，卻還要持續服務客戶，因此賣這種保單的意願就不會太高。

　　後來業者開發出類全委投資型保單解決了這個問題，首先它把投資的事情交由投信來代操，客戶不用管投資的事，業務員當然也樂得

↓ 富蘭克林華美環球固定收益全權委託管理帳戶（美元）（全權委託帳戶之資產撥回機制來源可能為本金且本全權委託帳戶資產撥回前未先扣除行政管理相關費用）基金淨值走勢圖

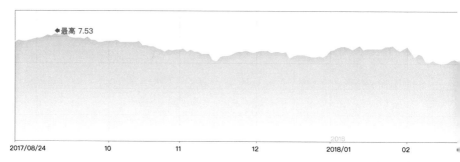

（接右圖）

輕鬆。除此之外，最大的改變是它增加了配息的功能，號稱配息 6%、7%，這看起來比定存好太多了，於是這商品在幾年前開始大賣特賣。但是問題來了：

　　2017 年 3 月 21 日《中國時報》就有這麼一篇報導：近七成類全委保單淨值低於面額。報導上說：根據統計，有七成左右的類全委保單帳戶淨值低於面額 10 元，讓許多保戶覺得賠錢，但其實若把已經定期領走的利息來看，虧損的比重並未達到七成之多。根據業者統計，200 多個類全委保單帳戶中，七成左右目前淨值低於 10 元。

　　如果想看類全委保單績效，可以下載「精財網 APP」，在那裡可以看到所有台灣的類全委保單的績效。截至 2018 年 7 月 26 日為止，其實滿多保單的績效都還是負的，淨值低於 10 元的一堆，當然也有績效不錯的。我們來看截至 2018 年 7 月 26 日，富蘭克林華美環球固定收益全權委託管理帳戶（美元）的績效，你可以看到 5 年內的淨值最高是 9.71 元，現在是 6.79 元。它成立的時間是 2012 年 5 月 15 日，從成立至今的績效是 –31.8%。意思是說，如果有連結到這個帳戶的投資型商品，即使 6 年來每年配息 5%，整體報酬還是負的。

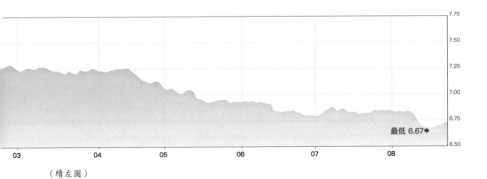

（續左圖）

自成立日起報酬率（％）	自今年以來報酬率（％）	每日（％）	每週（％）	本月（％）	一個月（％）
－ 31.80	－ 6.96	0.00	－ 0.15	0.29	－ 0.44

三個（％）	六個月（％）	九個月（％）	一年（％）	二年（％）	三年（％）
－ 4.35	－ 7.96	－ 7.71	－ 8.70	－ 13.67	－ 19.19

（資料來源：http：//chinalife.moneydj.com/w/wf/wfv/wfv02.djhtm？a=TFPI 截至 20180726）

這其中有幾點值得探討：

1. 每年固定配息？適合用來做退休金規畫？

如果當初銷售類全委保單給你的銷售人員跟你說：它是每年固定配息 5％、6％的商品，就跟定存類似，那你可要分辨一下，它跟定存其實不一樣。類全委保單雖然有提減撥回的機制：月配息或季配息等，但你絕對不能誤把它當成「固定配息」。因為這種保單本質就是投資型保單，投資人必須自負盈虧，既不保本也不保證配息，若投資績效不佳，為維持配息，它的配息可能就來自本金，即使是高配息率，也並不等於有高報酬。某家保險公司的商品說明中就有清楚說明：

「本投資帳戶每年提解固定比率予投資人並不代表其報酬率，本投資帳戶淨值可能因市場因素而上下波動，委託投資資產提解後，本投資帳戶淨值可能受到影響下降，保單帳戶價值也可能受到影響下降。委託人應當了解依其原始投資日期之不同，當該固定提解比率已超過本投資帳戶之投資報酬率時，本投資帳戶中之資產總值將有減少

之可能。」

假設你現在投資帳戶淨值有 1,000 萬元，一年配 6% 是 60 萬元，但是它可能本金虧損，加上拿本金去配息，資產總值變成 800 萬元，這時年配息 6% 就變成是 48 萬元，而不是 60 萬元了。

2. 這種商品符合你的投資需求嗎？你是要配息，還是要投資績效？

既然是投資工具，大家都清楚報酬與風險常是相隨的：想要獲得高報酬，相對的也要承擔可能的高風險。在現在的經濟情況下，不可能有低風險又高報酬的商品，如果定存的利率只有 1%，會有什麼商品可以每年有 6% 的配息又沒有風險？

低風險又高報酬——這顯然是消費者一種不合理的期待，為了滿足消費大眾這種高配息的期待，類全委保單的投資標的，當然就會包含高收益債券基金等高風險的標的。高收益債券基金多數投資於垃圾債券（非投資等級的債券），因此風險也會比較高，波動度跟股票型基金類似，可能是大起大落型的。

二、目標到期債基金連結投資型保單

如果說類全委保單是投資基金等風險較高，那來個債券基金連結保單如何？國外早就有目標到期基金（Target Fund）了，一般這種基金是，假設我 2030 年退休，我就買一個 2030 年到期的目標到期基金，它會根據距離我退休的時間（年度），調整投資組合中股債比例，越

接近退休，債券比例就會越高。

　　而這種目標到期債基金，就是基金公司依據目標的到期日，直接買進數十檔至 100 支債券。現有銷售的一般是 6 年期債券連結投資型保單，6 年後此基金所持有的債券都將到期，基金拿回債券面額的錢，就將基金的資產還給投資人，此基金也就到期結束了。

　　它有以下幾個特色：

・不能隨時賣出贖回

・買進就要持有至到期

・提前贖回通常有 2% 的解約費

　　以下舉一份某保險公司的保單為例，它連結到景順 2024 到期新興市場債券基金，相關費用如下：

1. 經理費及保管費

投資標的名稱	申購手續費	經理費（每年）	保管費（每年）	贖回手續費
景順 2024 到期精選新興債券證券投資信託基金（美元）（本基金有相當比重投資於非投資等級之高風險債券）	無	（一）基金成立日起第一年：3%（二）基金成立日第二年起至第六年：0.6%	0.12%	2%，贖回費用歸入基金資產
景順 2024 到期精選新興債券證券投資信託基金（人民幣）（本基金有相當比重投資於非投資等級之高風險債券）	無	（一）基金成立日起第一年：3%（二）基金成立日第二年起至第六年：0.6%	0.12%	2%，贖回費用歸入基金資產

註：以上經理費及保管費於計算投資標的單位淨值時已先扣除（由投資標的所屬公司收取）

2. 投資機構收取的經理費及保管費分給保險公司的比例

基金公司（投資標的所屬公司）支付	
基金公司（投資標的所屬公司）	通路服務費分成
景順證券投資信託股份有限公司	首年不多於 2%、續年不多於 0.4%

註：此項通路報酬收取與否並不影響基金（投資標的）淨值，亦不會額外增加要保人實際支付之費用

3. 保費費用及保險成本

目標保費：4%～3.7%，金小姐（45歲）投保本商品並選擇連結美元計價之「景順2024到期精選新興債券證券投資信託基金（美元），經核保後確認為標準體，目標保險費10萬美元，基本保額5萬美元，保費費用率為3.7%，在扣除「保費費用」及「保險成本」後，將剩餘的金額進行投資。

投　　資					保　障
假設持有至運用期屆滿日的淨年化投資報酬率（假設利率維持不變）	目標保險費	保費費用	保險成本	滿期保險金（投資標的的運用期屆滿日）	基本保額
4.83%	100,000	3,700	460.24	127,163.77	5萬美元
2.00%				107,905.98	
−4.83%				71,191.76	

以這個例子，她付出的成本如下：

經理費： 3% ＋ 0.6% × 5 ＝ 6%
保管費： 0.12% × 6 ＝ 0.72%
保費費用： 3.7%
保險成本： 0.46%
總共成本： 10.88%

⊙匯率風險

　　這類目標到期債基金多是外幣計價，因此匯率風險也需要考慮，你有可能賺了利差而賠了匯差。如果用美金購買，保單到期也領回美金，如果美金貶值，可以暫時放在美元帳戶內，不用馬上換回台幣。但是如果是用台幣買的，到期美金要換回台幣，台幣升值就有匯差的損失了。

⊙本金不見得保本

　　目標到期債券保單並不保本，投資型保單不會承諾報酬率。這是某保險公司商品說明書上的解釋：

　　信用風險： 保單帳戶價值獨立於╳╳人壽之一般帳戶外，因此要保人或受益人需自行承擔發行公司履行交付投資本金與收益義務之信用風險。

　　市場價格風險： 投資標的之市場價格，將受金融市場發展趨勢、全球景氣、各國經濟與政治狀況等影響，發行或管理機構以往之投資報酬率不保證未來之投資收益，╳╳人壽亦不保證投資標的之投資報

酬率且不負投資盈虧之責。

基金投資組合中的每一支債可能並不一定能持有到期，基金的持有人可以隨時贖回，保單可能也有人會提前解約。當有人要贖回時，如果基金持有的現金不夠支付贖回款，基金經理人就必須賣掉其中的某幾支債，此時賣的價格就不一定是面額或以當時的成本賣掉，必定是以當時的市價賣掉。因此計算債券基金淨值時，持有的每一支債都是用市價來算淨值，如此才能公平對待每一個基金受益人，這時基金也不見得能得到原先的報酬了。

⊙債券可能發生違約不付息的狀況

在投資上我們會用信用評等來代表違約風險的高低，信評越差，違約風險越高。一般我們說 BBB- 以上為投資等級，BBB- 以下就是非投資等級，高收益債就是 BBB- 以下的評等，俗稱垃圾債。這些公司債因為違約風險相對高，相對付出的利率也比較高。違約的意思是，這些借錢的公司付不出利息，到期還不出本金。目標到期債債券基金為了拉高殖利率，投資標的雖然只有 4 成買高收益債，但是風險還是比較高，這類基金債券還是有可能發生違約不付息的狀況。

⊙成本高

目標到期債債券基金通常是由投信公司發行，它的銷售通路是銀行或者保險公司，所以中間的通路銀行會收取相對應的手續費用。而保險公司因應金融監理，必須將其以投資型保單的方式銷售，也就是

除了手續費用，還多了保險的成本。因此消費者買這種目標到期債基
金連結投資型保單，還要額外再付保單費用，消費者支付的成本包括：
經理費、保管費、保費費用、保險成本，你就可以知道它的投資成本
其實滿高的。

⑤ 退休規畫的投保策略：退休前，退休後的醫療險、殘扶險與長照

　　失能風險、物價通貨膨脹風險以及長壽風險，是老後生活將面臨的三大風險，倘若晚年的財務規畫不足或是不恰當，恐將導致坐吃山空的危機，再辛苦累積的儲蓄都會被蠶食鯨吞。

　　首先，先來談談失能風險，從保險規畫的角度該如何做準備？利用保單商品規畫，可將失能風險轉嫁保險公司。

　　近年來台灣的整體人口結構快速趨向高齡化，也使得長期照顧（簡稱長照）的需求人數急速同步增加。政府為了發展完善的長照制度，於 2007 年行政院即核定《長照十年計畫》（簡稱長照 1.0），並積極推動長照業務。隨著人口老化及照顧服務需求多元化，為了因應失能、失智人口增加所衍生的長期照顧需求，提供從支持家庭、居家、社區到住宿式照顧的多元連續服務，並建立以社區為基礎的長照服務體系，行政院於 2016 年 12 月核定了《長照十年計畫 2.0》（以下簡稱長照 2.0），自 2017 年 1 月起正式實施長照 2.0，以因應高齡化社

會不得不解決的長照問題。

　　台灣的長照十年計畫 2.0 自 2017 年初推動以來，主要目標就是為了實現在地老化，普及照顧服務體系，期能提升具長期照顧需求者與照顧者的生活品質。計畫中雖然將長照服務範圍擴大為 8 類、17 項，也推動許多支持型服務，例如長照 2.0 中特別強調建立以社區為基礎的長照服務體系，並規畫推動試辦社區整體照顧模式，於各鄉鎮設立「社區整合型服務中心（A）」－「複合型服務中心（B）」－「巷弄長照站（C）」的社區整體照顧模式，建構綿密的照顧資源網絡，提供民眾整合、彈性，且具近便性的照顧服務。但是儘管如此，許多民眾還是聽不懂或搞不清楚，以致於大多數民眾根本沒有辦法享用政府的長照資源，最終不是依賴外勞看護，就是必須離職來自力照顧，在在顯示目前長照體系仍然存有很大的缺口。

(資料來源／衛生福利部長照政策專區：長期照顧的整體政策藍圖)

　　上述這個缺口究竟有多大？可以從勞動部推估全台 1,150 萬的勞動人口當中，大約有 19 萬人因為照顧而必須減少工時、請假或是被迫轉換工作，而其中更有 13.3 萬人因為照顧家中老人甚至必須離職或是最終長期脫離職業生涯，由此可以了解其嚴重性。

　　相對地，在鄰近國家的日本，雖然總人口數是我國的五倍之多，但是每年因為照顧而離職的人口卻僅僅不到 10 萬人，比例上少很多，追根究柢最主要就是日本早就已經推行所謂的「顧老假」，台灣的長期照顧體系實在有必要在不增加企業負擔的前提下，儘速提供「顧老假」的國家政策支持。在現行法規中，只有公務員有「侍親假」，本人或配偶之直系血親尊親屬 65 歲以上或重大傷病需侍奉者，可申請留職停薪最多兩年，必要時得再申請延長一年。

　　而根據中華民國家庭照顧者關懷總會（簡稱家總）去年針對近千名企業員工的調查，發現約 15％是每周負擔 20 小時以上照顧工作的「在職照顧者」，並且平均要花了六個多月才能讓照顧安排穩定，但照顧與工作仍然持續蠟燭兩頭燒。調查顯示也有 44％的在職照顧者本身已是中高齡，54％則是擁有 10 年以上年資的熟練勞工，卻因為照顧而被迫離職，而這也成為家庭和企業的重大損失。

　　過去保險業者不斷積極主張，政府應針對高齡化保單增加列舉扣除額，主要鎖定在年金險以及長照險，但是爭取很久卻始終未見成效。今年 3 月，金管會更曾主動向財政部爭取，希望能在 2 萬 4,000 元的列舉扣除額之外，針對購買符合一定條件的年金險和長照險，增列獨立的扣除額。今年 6 月財政部已經開始著手研議增列長期照顧扣除額

的可能性，姑且先不論詳細內容為何，倘若真能施行，對民眾與保險公司未來在規畫長照保單時，無疑將是一項利多。提供保險費扣除額或是保險金直接免稅的設計，可鼓勵民眾購買保單，做好自我風險管理，降低風險對個人帶來的衝擊，同時也減少政府的長照給付負擔，對整個社會是相對有利的雙贏策略。因應高齡社會的來臨，政府也有義務提出一套有效的方法，讓人民得以老年安養，但受限於政府現階段的財力與人力，無法立即滿足社會需求。此時，若民眾自發性的針對各項老年風險，主動進行防護，政府就應該積極鼓勵，長期可以產生穩定社會效果，對政府來說，絕對是划算的投資，希望這項稅改能盡早實現。

　　台灣的第一張「長期看護險」於 1996 年推出（2015 年依金管會函令核定長期照顧保險單示範條款後稱長期照顧險），可以定期支領保險金，以緩解長期的經濟壓力。之後，保險業界於 2011 年又推出第一張「類長看險」保單，並打著「與長看高度相關」的旗號，但是以特定傷病作為保險金給付判斷標準。值得注意的是，各家保險公司從 2014 下半年開始陸陸續續推出了「殘扶險」（殘廢照護險），由於殘扶險理賠定義相對明確、保費相對較低，再加上涵蓋的保障對象廣泛而大受市場歡迎。畢竟殘扶險是特別針對殘廢失能族群所設計的，不論是因疾病或意外而導致殘廢，都能獲得理賠。一般民眾對於「長看險」「類長看險」與「殘扶險」這三類經常被互相比較的醫療險種，時常面臨規畫選擇上的難題。

　　針對保險金給付範圍，包括給付認定及限制，介紹如下。

　　先談談長期照顧險，「長期照顧狀態」：係指被保險人經專科醫

師診斷判定，符合下列之生理功能障礙或認知功能障礙兩項情形之一者。生理功能障礙：係指被保險人經專科醫師依巴氏量表（Barthel Index）或依其他臨床專業評量表診斷判定其進食、移位、如廁、沐浴、平地行動及更衣等 6 項日常生活自理能力（Activities of Daily Living, ADLs）持續存有 3 項（含）以上之障礙。

認知功能障礙：係指被保險人經專科醫師診斷判定為持續失智狀態（係指按「國際疾病傷害及死因分類標準」第 9 版（ICD－9－CM）編號第 290 號、第 294 號及第 231 號點零所稱病症，如附表一）並有分辨上的障礙，且依臨床失智量表（Clinical Dementia Rating Scale, CDR）評估達中度（含）以上（即 2 分以上）或簡易智能測驗（Mini Mental State Examination, MMSE）達中度（含）以上（即總分低於 18 分）者。長期照顧保險金的給付，須經醫院專科醫師診斷確定符合條款約定之「長期照顧狀態」，並於免責期間屆滿時仍生存且持續符合「長期照顧狀態」者，保險公司依契約給付。不過，長看險每次給付時需回院重新判定，若無繼續符合長期看護狀態則停止給付。對於重視老化風險，或擔心自己未來可能因為老化、意外、疾病等導致老化的民眾，是不錯的規畫險種。

再來談談類長看險，這裡舉國內大型保險公司的一種特定傷病險做說明。「特定傷病」：係指被保險人於本契約生效日起持續有效 30 日以後或自復效日起，經醫院醫師診斷確定屬於下列情形之一者為限：腦中風後殘障（重度）、癱瘓（重度）、阿茲海默氏症、帕金森氏症、嚴重頭部創傷、肌肉營養不良症、運動神經元疾病、多發性硬化症、

類風濕性關節炎。被保險人於契約有效期間內，經初次診斷確定罹患契約約定之「特定傷病」時，保險公司按「保險事故日」時保險單上所記載之「保險金額」的 12 倍，給付「特定傷病保險金」。其後被保險人於每一「保險事故日之週年日」仍生存者，保險公司按「保險事故日」時保險單上所記載之「保險金額」的 12 倍，給付「特定傷病保險金」。對於家中有罹患重大疾病（例如高血壓）等家族遺傳病史者，擔心因為疾病而需要長期照顧的民眾，可以考量規畫特定傷病險（身心障礙者福利請連結 QRCode）。

　　最後，針對殘扶險的保險金給付範圍及給付認定，以下舉國內大型保險公司的一種殘扶險做說明。當被保險人於契約有效期間內，因疾病或傷害致成殘廢表所列第 1 級至第 11 級殘廢程度之一者，保險公司按契約保險單上所記載之保險金額的 24 倍為準，依殘廢程度與保險金給付表所列比例計算給付「殘廢保險金」。當被保險人於契約有效期間內，首次因疾病或傷害致成殘廢表所列，第 1 級至第 6 級殘廢程度之一者，且被保險人於殘廢診斷確定日及之後每屆滿 1 年仍生存者，保險公司按契約保險單上所記載之保險金額的 12 倍，給付「殘廢生活補助保險金」。

　　殘廢等級的認定，需為疾病或意外所導致的殘廢，因此，對於從事意外事故風險較高的行業別，或是想補足將來因殘廢而導致失能喪失工作能力，甚至需要被長期照顧的民眾，是非常適合納入規畫的險種。根據衛生福利部統計處的數據顯示，2017 年身心障礙人數逐漸攀

高，已經超過 116 萬人，下圖顯示依身心障礙者類別區分前 3 名，分別為肢體障礙、重要器官失去功能、多重障礙者，其他指未列出之機能障礙（如聲音機能或語言機能障礙、平衡機能障礙者、植物人等）。由於殘廢險推出時間不長，相對在保險精算上是一種費率可能被低估的保險商品，估計未來保險公司向上調高費率的機率不小，因此建議大家在經濟能力範圍內，盡可能規畫「殘廢險」或「殘扶險」，來保障其他醫療險種無法提供的風險轉嫁能力。

↓ **身心障礙者類別**（資料來源／衛生福利部統計處 106 年「身心障礙者人數案類別及障礙成因分」）

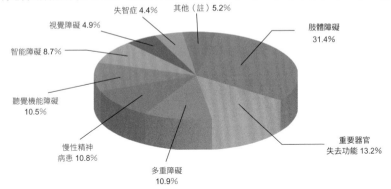

失智症 4.4%
其他（註）5.2%
視覺障礙 4.9%
智能障礙 8.7%
聽覺機能障礙 10.5%
慢性精神病患 10.8%
多重障礙 10.9%
肢體障礙 31.4%
重要器官失去功能 13.2%

↓ **身心障礙成因**（資料來源／衛生福利部統計處 106 年「身心障礙者人數案類別及障礙成因分」）

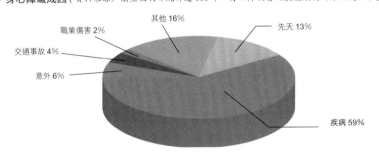

其他 16%
職業傷害 2%
交通事故 4%
意外 6%
先天 13%
疾病 59%

⑥ 用年金保險做退休規畫（舉例試算）

　　延續之前我們所談的老後生活將面臨的失能風險、通貨膨脹風險（或稱為購買力風險）以及長壽風險三大風險，接下來談談能夠積極有效地應對長壽風險的保險商品——年金保險。人壽保險公司等企業的商品項目中都會包含年金商品，而且還可以分為定期年金保險與終身年金保險兩種類型。

　　所謂的定期生存年金，是在約定給付期限內，只要被保險人生存就給付年金，直至被保險人死亡的契約。雖然有一種定期年金契約稱為確定年金，只要在約定的期限內，無論被保險人是否生存，保險公司的年金給付直至保險年金給付期限結束。但不論是哪一種定期年金契約，都無法有效地因應長壽風險。雖然每家壽險公司所設計的年金商品契約內容多有不同，但是基本上對於通貨膨脹風險也同樣毫無應對的能力。

　　因此，本書主要是針對終身年金進行說明，對於定期年金並不進一步討論。這種終身年金與終身保險（死亡時會支付身故保險金的人

壽保險契約。因為設定存活期間不會有到期的情況，故稱為終身保險）本質上是完全不一樣的保險商品，是在被保險人存活期間可以領取一定金額的年金。說白話一點就是只要被保險人活得夠久就算是獲利，一旦早早死亡就會是損失的一種賭注性質商品，所以在對抗長壽風險這個部分，也是符合規畫目標的一種選擇。

過去傳統觀念裡，祝福長命百歲的賀詞將來也會成為是經常發生的事，如果沒有妥善規畫，長壽就會成為是一種負擔而不是快樂。而這種終身年金是目前市面上少數能夠對抗長壽風險的商品，更是一種積極有效的退休規畫。根據內政部 2017 年所公布的「2016 年簡易生命表」：國人的平均壽命為 80 歲，其中男性為 76.8 歲、女性則為 83.4 歲，跟其他主要國家相比，男、女性的平均壽命皆高於中國、馬來西亞及美國，而低於日本及挪威等國。雖然女性因為平均餘命時間較長，而投保終身年金保險費用較高，但因為妻子長壽的可能性較大，若是考慮到先生去世之後，妻子獨自生活的時間較長，建議還是讓妻子參加這種終身年金保險會感到安心許多。

以下舉國內大型保險公司的一種終身年金保險說明。

下頁圖中，年齡為 35 歲的享壽先生為被保險人，投保終身年金保險，保險繳費期間為 6 年期，每萬元保額的保險費為 8,034 元，在享有 1.5％的保費折減（含自動轉帳 1％及高保費折減 0.5％）之下，享壽先生年繳實繳保險費為 593,512 元（保險金額為 75 萬元）。

享壽先生於年金契約有效期間內，於每一保險單週年日仍生存者，保險公司會按下列約定，給付生存保險金：第一保險單週年日至

年度	年齡	年繳 實繳保費	總繳 實繳保費	生存 保險金	累計生存 保險金	保單現金值 (解約金)	身故/完全 失能保險金
1	35	593,512	593,512	8,925	8,925	359,700	602,550
2	36	593,512	1,187,024	17,850	26,775	810,600	1,205,100
3	37	593,512	1,780,536	26,775	53,550	1,268,250	1,807,650
4	38	593,512	2,374,048	35,700	89,250	1,733,025	2,410,200
5	39	593,512	2,967,560	44,625	133,875	2,205,000	3,012,750
6	40	593,512	3,561,072	53,550	187,425	3,543,675	3,615,300
7	41	-	3,561,072	75,000	262,425	3,579,600	3,615,300
10	44	-	3,561,072	75,000	487,425	3,580,125	3,615,300
20	54	-	3,561,072	75,000	1,237,425	3,582,075	3,615,300
保險年齡達105歲之保險單週年日				生存金75,000元+祝壽金3,600,000元=3,675,000元			

第六保險單週年日，給付每萬元「保險金額」之年繳應繳保險費總額的 1.48％（元以下無條件進位）乘以「單位數」所計得之金額，第七保險單週年日及以後，給付「保險金額」的 10％，而前項所稱「單位數」，係指將「保險金額」以每萬元換算一單位後所得之單位數額。依照圖一所示，享壽先生在第一保險單週年日領取年金金額為 8,925 元、在第二保險單週年日領取年金金額為 17,850 元，以此類推，而在第六保險單週年日，領取年金金額為 53,550 元。享壽先生在保費繳費期滿之後的第七保險單週年日，及以後所領取的年金金額則為 75,000 元，這個金額就是保險金額為 75 萬元的 10％。

　　另外，享壽先生於本契約有效期間，且保險年齡到達 105 歲之保險單週年日仍生存時，保險公司除依前條約定給付生存保險金外，另按「保險金額」的 4.8 倍，給付祝壽保險金。依照圖一所示，享壽先生在保險年齡到達 105 歲之保險單週年日仍生存時，可以領取生存金 75,000 元＋祝壽金 3,600,000 元＝ 3,675,000 元。

如果享壽先生於本契約有效且於繳費期間內身故者，保險公司按身故日，下列兩款計算方式所得金額之較大者，給付身故保險金，且當期已繳付之未到期保險費將不予退還：第一是保單價值準備金，第二是年繳應繳保險費總額。而若享壽先生於本契約有效期間且於繳費期滿後身故者，保險公司按身故日，下列三款計算方式所得金額之最大者，給付身故保險金：第一為保單價值準備金、第二為年繳應繳保險費總額及第三保險金額的三倍。如上頁圖，35 歲享壽先生，繳費 6 年期，在 1.5％折減（自動轉帳 1％及高保費折減 0.5％）下，年繳實繳保險費 593,512 元（保險金額 75 萬元）。單位為新台幣（元）。

下圖則是針對不同保險金額所規畫出來的三種年金方案，分別為保險金額 21 萬元的年輕一桶金方案、保險金額 75 萬元的精打細算方案以及保險金額 127 萬元的甫退準備方案。

如果享壽先生希望在繳費期滿之後，每年可以領取年金金額為 127,000 元，相當於每月有 10,583 元的年金金額，也等於每月替自己增加大約 1 萬元的退休金作為生活費用，那麼享壽先生可以考慮規畫甫退準備方案，6 年總繳實繳保險費（含折減）大約是 603 萬元。

方案別	保費折減 註1	年繳實繳保險費(含折減)	6年總繳實繳保險費(含折減)	保險金額	身故/完全失能保險金	生存保險金 繳費期間(累計總領)	生存保險金 繳費期滿後(年領)	第7保險單週年日之保單現金值
年輕1桶金	1%	167,027	1,002,162 (約100萬)	21萬	約16.8萬~101.3萬	52,479	21,000	1,002,288
精打細算	1.5%	593,512 (約60萬)	3,561,072	75萬	約60.2萬~361.6萬	187,425	75,000	3,579,600
甫退準備	1.5%	1,005,013 (約100萬)	6,030,078	127萬	約102萬~612.2萬	317,373	127,000	6,061,456

註1：保費折減辦法詳「投保規定」。
註2：上表所列「身故/完全失能保險金」、「生存保險金」與「保單現金值」之金額，係以要保人正常繳交保險費、無辦理展期、繳清及保險單借款為前提，依保單條款約定內容所計得之。

⑦ 投資型保險適合做退休規畫嗎？

所謂的證券投資基金（Investment fund），或稱為集合投資計畫（Collective Investment Scheme，CIS）、投資信託，是按照利益共享、風險共擔的原則，將分散在許多個別投資者手中的資金集中起來，委託專業投資機構的專家（基金經理人，fund manager）進行管理和運用之後，再將投資成果返還給投資人的一種投資工具。

而所謂的投資型保險商品，則是將保險及投資合而為一的商品，但基本的性質仍為保險商品，受保險法規的規範，所有投資型保險商品皆須經行政院金管會核准銷售，基本上具有下列幾種特色：盈虧自負（投資型保險商品所產生的投資收益或虧損，大部分或全部由保戶自行承擔）、專設帳簿以及費用揭露（投資型保險商品的相關費用，要攤在陽光下，讓保戶充分了解保費結構）。

而所謂的「全權委託保單」（一般稱為「類全委保單」），則是由壽險公司委託基金公司代為操作，大致上都會強調民眾只要投資小筆金錢，就可以請專家來進行操盤，可以避免不熟悉投資市場的投資

人，在挑選連結投資標的時候出現虧損。換句話說，類全委投資型保
單屬投資型保單的一種，金融監督管理委員會（以下簡稱金管會）定
義為「委託投信公司代為運用與管理專設帳簿資產之投資型保單」，
以壽險公司為委託人，再委託投信全權操作相關投資。一般投資型保
單與類全委保單的比較詳如下表所示。如此一來，類全委保單的保戶
就不必像一般投資型保單的保戶一樣，得時時刻刻關注投資標的獲利
和損失程度，以及決定進出場時機。提供給不善投資或沒空投資之投
資人選擇，也就是等於保戶可以享有專家操盤的服務，不必為了要選
擇哪一檔基金、何時進場以及何時轉換標的而感到煩惱。

↓ 一般投資型保單與類全委保單的比較整理

一般投資型保單與類全委保單比較：		
項目	一般投資型保單	類全委保單
投資標的	壽險公司平台提供的標的，自選標的與資產配置。各種股票、債券、平衡型基金、ETF以及貨幣帳戶。	依所設定的投資範圍挑選標的，全權委託。通常有「保守」、「穩健」、「積極」三種帳戶標的，少數保單只提供單一選擇。
操盤者	保戶。不需另外支付一筆全權委託費用。	專業資產管理公司。需要另外支付一筆全權委託費用。
投資組合調整	保戶不定期調整。	專業投資團隊隨時調整。
風險承擔	保戶自行監控，自負盈虧。	1.審視代操投信業者與其團隊的過去投資紀錄，因為投資績效還是保戶自負盈虧。2.若有「定期配息或收益分配」的機制，須注意若是基金淨值低於當初申購時的價格，撥回給保戶的金額是否將從本金支出。3.確實瞭解投資人風險屬性。

　　根據統計資料顯示，截至 2015 年第二季為止，類全委保單的保
費規模已經突破 2,000 億元，且占當年度投資型保單整體保費 3,460

億元的比例高達約 8 成比重，這個數字相當可觀。依照下表所示，根據壽險公會統計，2017 年前 11 月投資型保單新契約保費收入約為新台幣 3,610 億元，金額則是衝上近 10 年來新高，全年度投資型保單新契約保費預估衝出 4,000 億元高峰不會是太大問題，也成為當年度成長幅度最大的保單類型。國內壽險業者更是預估，由於資本市場的表現仍然非常強勁，2018 年投資型保單仍將是市場當紅且成長幅度最大的保單，全年預估可有 4,000 ～ 5,000 億元的水準，並且仍會是以類全委保單銷量為最佳。

↓ 投資型保單歷年新契約保費收入

投資型保單歷年新契約保費收入

年度	投資型新契約保費	當年度整體新契約保費	年度	投資型新契約保費	當年度整體新契約保費
2002	80	2,633	2010	1,557	11,620
2003	834	3,442	2011	1,885	9,951
2004	1,534	4,462	2012	2,013	11,904
2005	2,082	5,409	2013	2,595	11,063
2006	2,522	5,246	2014	3,493	11,697
2007	4,650	7,519	2015	3,460	11,863
2008	2,991	8,553	2016	1,966	12,705
2009	1,684	9,251	2017.11	3,610	11,456

資料來源：壽險公會　　　　　　　　　　　　　　　　　單位：億元

　　仔細探討近年來國內民眾對於類全委保單的偏好程度，大致上與類全委保單附加有類似一般共同基金「配息」的「資產撥回（提解）機制」有相當高的相關性。資產撥回機制指的是保險公司會在一段時

間之後，從保單的投資帳戶中撥回部分比例，一般可能在 3％～ 6％
的金額給保戶，保戶可以選擇領取現金又稱為配息，或者可以選擇再
轉入保單當中加碼進行投資。簡單地說，購買類全委保單的保戶，功
能上類似可以享有一般在銀行購買月配型基金一樣「固定領取現金」
的配息機制，而且，有些保險公司在所選基金配息的幣別上還提供了
新台幣、美元、人民幣等多種不同幣別選擇，也因此成為近年來國人
的投資焦點。

　　不過，也要提醒大家，從今年 7 月份起，金管會開始要求國內各
家壽險公司在銷售全委型保單時，應該要比照投信投顧公司的基金銷
售，必須在平面廣告以及有聲廣告中加註投資警語，以提醒投資人注
意。也就是說，壽險公司在銷售全委型保單，以「資產撥回比率」為
銷售廣告訴求時，就必須要充分揭示「全權委託帳戶之資產撥回比率
並不代表報酬率，本全權委託帳戶淨值可能因市場因素而上下波動」
的警語，以提醒想要購買全委保單的保戶注意。

　　以下舉國內一家大型保險公司的銷售數字為例說明。2017 年這家
人壽公司大約銷售了 1,500 億元的投資型保單，一舉拿下了當年度投
資型保單銷售第一名，究其保費內在結構，其中 6 ～ 7 成是類全委保
單的貢獻。業者也表示，這種類全委投資型保單因為有委託專家來替
保戶專業理財，相當受到市場青睞，而投保的保戶大多數是 40 到 50
歲左右的族群，規畫的目標是希望透過中長期的投資來累積足額退休
金。業者更表示，在許多客戶躉繳一筆保費之後，該類全委保單就不
再收取一般投資型保單每月 100 元的管理費，並同時強調布局全球化

投資、股債平衡，可以協助規避市場波動的風險。業者並說明，類全委保單中有7～8成的保戶會選擇月月撥回現金，作為退休金或旅遊、美食基金，但也有許多人是將撥回累積在帳上，繼續累積資產；而今年這家人壽公司更強調會推出保本或相關保障機制，提供保戶選擇，不因資本市場短期波動，影響保障。

⑧
資產傳承計畫 1

　　退休規畫除了退休金來源的安排以外，還有其他稅務、財產傳承等問題，也需要事先做安排。這方面從幾年前的美國的「肥咖條款」（FATCA，外國帳戶稅務遵守法案），到現在國際「共同申報及盡職審查準則」（CRS），如果有美國身分，或是在海外有金融資產，這可能對你的退休規畫會有影響。

　　美國為了防止納稅義務人，利用海外帳戶規避稅捐及掌握其海外資產，要求外國金融機構向美國稅務局 IRS 提供美國客戶之帳戶資訊。這引起很多雙重國籍身分的人的恐慌，深怕一個不小心畢生心血可能就會損失大半，因此不少人興起了拋棄美國身分的念頭。而現在全球都要實施共同申報準則及盡職審查準則，台灣預計在 2019 年實施，2020 年開始與其他國家做第一次的稅務資訊交換，這樣一來，藏錢的機會將越來越少。

　　CRS 查稅主要是針對金融帳戶，由金融機構所管理的帳戶：包含存款帳戶、投資帳戶、海外保單等，未來都會在申報範圍中，是需要

調查並且交換的資訊。因為各國政府會根據稅籍編碼（台灣是身分證字號），把你在世界各地的金融資產與台灣作交換，你海外的金融資產將會曝光。因此你如果持有海外資產，而這些資產可能也是你規畫為退休後收入的來源之一，就必須留意這些稅制、政治等改變，也許都會影響到你的退休規畫。據報導 2019 年起，金融機構須定期申報外國稅務居民帳戶，2020 年 9 月將首度與其他國家進行資訊交換。因此，雖然 CRS 規範應申報帳戶非本國稅務居民，但未來與其他國家進行資訊交換後，國人的海外帳戶資訊將會被交換回台，海外資產及海外所得將難以隱匿避稅。

　　在遺產稅方面，在台灣多數人大概不會有太大的遺產稅方面問題，如果是遺產在 2,3 千萬的範圍，就免稅額、扣除額來看，再運用配偶剩餘財產請求權的話，一般人應該沒有遺產稅的問題。 但是對於高資產的族群來說，稅務可能不是最大的問題，反而是財產如何做傳承才是一個令人頭痛的問題。

　　人都不能長生不老，當百年以後稅也不是你該煩惱的問題了，因為那是後代的問題，他們必須要去繳納遺產稅，但是身後事難道只有稅的問題嗎？ 有些人為了以後避免繳到遺產稅，早早把房子過戶到子女名下，動產、不動產等都早就分配過戶給小孩，把自己對名下財產的管理、所有權都放棄了，這樣妥當嗎？比較妥當的財產傳承計畫應該要考慮到以下幾個問題：

不要讓財產變成破壞家庭的劊子手

社會新聞中不乏這種事件：上一輩過世後，下一代為了爭產而反目成仇，兄弟姐妹互相提告對簿公堂屢見不鮮。除台塑創辦人王永慶辭世四年多來，子女為爭奪遺產爭執不斷外，台灣老字號的新光集團吳家、永豐餘集團何家、中泰賓館林家、國際集團洪家等，都曾赤裸裸地上演過豪門爭產的歹戲。

如果事先沒做好安排，你可能就將預見當父親或母親離開後，下一代因為財產的分配是否公平而吵得不可開交。相信誰都不願意見到自己辛苦建立的家庭，最後居然變成這樣。因此你應該事先溝通、開個家庭會議，把自己的處理的原則說明白。即使都是自己的子女，但是父母親難免會有不同的偏好，或是看到哪個子女目前狀況比較不好，想要多幫忙他們一下，這也是人之常情，如何在儘量保持公平的情況下，和諧處理是基本的原則。

預防最壞的情況發生

不要低估後代在面臨這種財產繼承時，會做出錯誤決策的可能性。有人可能會為了財產分配的小小差異，鬧得分崩離析，例如兄弟姐妹中有人不願意繳遺產稅，最後除了補繳遺產稅款外，還要多加罰鍰及加徵滯納金、利息，而遺產在稅款繳清前也無法做處理（遺產及贈與稅法第 8 條：遺產稅未繳清前，不得分割遺產、交付遺贈或辦理

移轉登記）。

什麼是你認為值得鼓勵的，而什麼是該避免的？

後代每個人心智成熟度、個性等不相同，有時直接給予一大筆財富可能就毀了下一代的人生，因為他們得來太容易而揮霍無度：買名貴跑車，甚至吸毒、酗酒都來了。要避免這種狀況發生，可以把自己的財產交付信託，由信託來執行你的意旨。在信託契約中明訂什麼是你認為值得鼓勵的，什麼又是下一代該避免的。

例如除了每個月的生活費外，如果他們可以多給一筆創業基金，但是必須定期跟信託監察人報告執行的進度，這是可以鼓勵的，但是萬一吸毒、酗酒，那信託可以支付戒毒、戒酒所需的醫療所需費用，但是每個月的生活費就要減半、甚至完全取消等，這些都是可以藉由信託的約束來達到的。

想一想你的一切可能也都是你一手打拚、辛苦累積出來的，現在你因為自己有能力了，願意提供給下一代更好的環境，但是這種給予應該是： 你可以讓他們接受好的教育、好的栽培、讓他們有更好的謀生能力，其他的應該多數必須由他們憑自己的能力去賺取，太多餘且不勞而穫的錢財，對下一代來說可能不見得有正面的意義。

考慮公益、行善助人

在 TED 網站有一段影片：華理克（Rick Warren）牧師是《標竿人生》（*The Purpose-Driven Life*）一書的作者，在影片《談為人生目的而活》中，分享他在本書創下驚人銷量後所面臨的危機。

「好的生活不是外表看來體面、感覺良好、物質上滿足，而是做好人、做好事、奉獻你的人生，人生的價值並不是來自於地位，因為總是有人的地位高過你，也不是來自性愛，不是來自薪資，而是來自於服務，只有在奉獻人生的時候，我們才能發現它的意義，找到人生的價值。」

我們多數人可能都沒有從父母親那裡繼承到多少財富，而當你辛苦大輩子，累積了一些資產後，除了留給後代子孫的財產外，也可以考慮將部分財產用來做公益。就像華理克牧師所說：「我們在行善幫助人的時候，才能發現人生的意義，找到人生的價值。」

什麼對你的人生是重要有意義的？你上過的小學，一所醫院或是其他對你有意義、你希望去幫助他們的？你可以藉由設立一個公益信託的方式，讓你的行善助人計畫，因為公益信託公開透明的運作方式，按部就班的去實現你的理想。公益信託資金的運用方式比較有彈性，每年對公益信託的捐款，也可以在個人所得稅列舉扣除，而設立監察人也可以有效監督信託是否合理執行，它是你在考慮助人行善時的一個好選擇。

9

資產傳承計畫 2

多數華人的習慣普遍都很忌諱談到身後事及錢的問題，以前碰到過很多客戶，一談到家庭的財產每個人都欲言又止，明明上一輩以後一定會把財產遺留給下一代，而且在時間充裕的狀況下，大可運用逐年贈與的方式，在免稅的額度內慢慢贈與，以免上一代身故後要繳到遺產稅的情形。但很奇怪的是，他們的子女都不敢跟上一輩提到提早做規畫這件事情，因為怕上一代責怪是否在覬覦他們的財產、詛咒他們等。因此即使他們的子女雖然有需要提早規畫的念頭，但最後都不了了之，很少人願意在生前做好遺產規畫，以致於身故後常常衍生出很多問題，甚至於後代為此鬧得相當不愉快。

在財務規畫上，我們所定義的遺產規畫是比較廣義的，不是只有身故後才適用，有些狀況可能是生前就會碰到的。例如意外或生病造成的失憶、失智、癱瘓、無行為能力等，這時候這個人雖然沒有身故，但是已經喪失處理事情的能力。如果沒有事先做好規畫，可能家人就會毫無頭緒，不知如何處理。我就曾經碰過家人中有人突然病故，由

於沒有意料到會發生這種事情，因此所有的財務資料（銀行帳號、股票、投資等）完全不知道而造成家庭大亂，花了好多時間才處理完繳遺產稅等事情。因此遺產規畫不要有老了才要做遺產規畫這種迷思，這是現在就需要提早安排的事情。

遺產規畫是你希望你的財產怎麼樣管理、保存，它有以下幾個意義：

1. **身故後希望如何照顧你所愛的人**：財產要如何分配，如何依照你的意願給你所愛的家人、朋友等。

2. **你可以決定財產分配方式**：如果你沒有事先做安排，遺產最後就是必須依照法令的規定來分配。例如如果身故後膝下無子，遺有配偶及父母親，這時遺產的分配方式會是：配偶得到 1/2，父母親各得1/4，並非全部是配偶繼承。

如果膝下無子，父母均歿，遺有配偶，兄弟姊妹五人，這時遺產的分配方式會是：配偶得到 1/2，兄弟姊妹五人各得到 1/10，配偶也是拿到 1/2 而已。

遺產規畫可以安排特殊狀況下財產處理方式。萬一發生意外或生病造成的失憶、失智、癱瘓、無行為能力等狀況時，由於事先已經安排好運用信託或是其他方式，可以讓財產依照自己希望的方式來管理、投資等。

3. **加速財產轉移**：由於財產分配方式已經安排妥當，身故後大家對處理方式沒有異議，財產的繼承轉移會比較快速，不會橫生枝節帶來困擾。

　　有些人不願意事先規畫，是因為有些顧慮，例如：不想太早把財產指定給子女繼承，避免下一代因為自恃將來有這些財產可以繼承，而喪失了工作打拚的動力。這樣的顧慮是對的，在做遺產安排時，不要讓子女覺得他們不用付出努力，就可以平白無故的得到父母親的遺產。而針對這種狀況，可以規畫利用信託的方式來解決這種問題。

　　除此之外，應該改善父母親在家庭中不願意談論錢財與身後事的狀況，如果這是有一天一定會面臨的事情，就應該更積極的面對。可以召開一個家庭會議來討論你所做的安排，包括：

1. 遺囑

　　子女可以到哪裡找到你的遺囑、誰是遺囑執行人，子女可以透過遺囑執行人辦理好遺產繼承等事情，以免事情發生了大家亂成一團。遺囑執行人即協助執行遺囑內容之人，設立遺囑最好應同時指定遺囑執行人，以避免日後執行遺囑時上發生爭議，即使是具繼承人資格者也可擔任遺囑執行人，並無限制，例如父親生前亦可指定兒子為將來遺囑之執行人。

　　遺囑執行人之職務：

　　（1）**編製遺產清冊**：遺囑執行人就職後，於遺囑有關之財產，如有編製清冊之必要時，應編製遺產清冊，交付繼承人。

　　（2）**遺產管理及必要行為**：遺囑執行人有管理遺產，並為執行上必要行為之職務。遺囑執行人因前項職務所為之行為，視為繼承人之代理。

（3）**繼承人妨害之排除**：繼承人於遺囑執行人執行職務中，不得處分與遺囑有關之遺產，並不得妨礙其職務之執行。

（4）**數個執行人執行職務之方法**：遺囑執行人有數人時，其執行職務以過半數決之。但遺囑另有意思表示者，從其意思。

2. 財務上的連絡人

跟自己財產有相關連的人，可能包括你的財務顧問、證券營業員、保險業務員、銀行理專、律師、會計師等，讓子女知道萬一有事情發生時，他們需要跟哪些人連絡以取得必要的協助。

遺產規畫有時是牽涉到當事人的情感面等問題，有時候當事人可能沒辦法客觀去看待事情，因此事情便一再拖延，本來是時間充裕可以事先安排，降低以後的遺產稅等稅負，但是因為錯過解決的時間，而讓下一代要繳的稅變多了。在幫客戶做財務規畫時，我們也常碰到兩代之間因為缺乏溝通，讓財產傳承的問題變得更複雜，甚至造成家庭成員的紛爭，如果能夠事先做好安排，相信很多事情都可以得到妥善的處理，後代子女也不致於因此而產生紛爭對立。

⑩ 子女照顧信託

　　前陣子跟一位朋友聊天，他講了一件事，讓我聽了感到不勝唏噓，他認識的一位老先生一輩辛苦打拚，後來把一些價值不斐的店面不動產都先過戶給兩個兒子，其中一個兒子不但整天無所事事，沒有一份正當的職業，還整天在想盡辦法拿走 80 歲老母親賴以維生的租金收入，全家人為了父親遺留下來的財產鬧得烏煙瘴氣，沒有一天得安寧。

　　之前也曾經看到一篇在討論理財規畫的文章說，美國 70％高資產的客戶，再經過一代，他們的資產就會被敗光，90％是到第三代就敗光所有資產。在 CNBC 網站上也有一篇文章提到，百萬富豪父母說他們的子女不適合繼承財產。

　　內容大概如下：被稱做世界最富有女人的澳洲礦業富豪吉娜‧萊因哈特（Gina Rinehart），最近為了家族信託與子女槓上，萊因哈特女士說她的子女缺乏必要的能力、知識、經驗、判斷，以及負責任的工作道德，不足以管理生意與繼承財產。美國 U.S.Trust 的研究資料指出，半數嬰兒潮出生的億萬富翁認為，是否留財產給小孩並不重

要，1/3 的人說他們寧願留給慈善機構，也不願給小孩。

他們會有這樣的觀點，理由之一是希望小孩成長過程，仍保有跟他們一樣的中產階級價值觀，他們希望下一代學習如何奮鬥求生、努力工作，為了成功嚐到失敗與歡樂，及其他可以學到的功課。就如同巴菲特說的：他會留給子女的財產，足夠讓他們做任何他們想做的事，但是絕不會多到讓他們可以什麼事都不用做而無所事事。

另外一個原因是：他們不認為子女有能力管理這些錢財，這個研究也指出一個顯而易見的問題：這些父母養育出來的子女，根本就沒有準備好繼承上一代如此龐大的財產，他們的子女從小就衣食無缺、多數慾望都可以被滿足，他們已經養成跟父母親一樣花費闊綽的習慣。

研究也談到，半數的富豪認為在 35 歲以後，他們的子女才能有成熟的財務管理能力，去管理家族的財富。

有半數富豪說，沒有讓子女知道他們的財富有多少。如果知道了，這些子女可能會變得懶惰、亂做決定、揮霍無度、變成敗家子等。其實現在台灣的遺產稅及贈與稅率都已經降至 20％，對高資產的客戶來說，稅的問題已經減輕很多。反而是資產傳承，以及如何依照他們的意願來運用這些資產，是一個需要去思考的方向。上述文章提到，90％的高資產族群，資產到第三代都已經消失殆盡，相信這也不是當初辛苦創業、打拚累積財富的長輩所樂見的。做父母親的疼愛子女，總希望他們可以少吃點苦頭，留財產讓他們生活過得好一點。問題是子女的心態如何？

這些不勞而獲的財產，讓他們的人生因而更加多采多姿，還是反而害了他們？大筆的財富子女有能力管理嗎？

針對這樣的需求，可以預先做好規畫，運用信託方式約束子孫在何種狀況下才可以動用資產。平常信託的財產是受到監管的，譬如子女創業、購屋才能動用多少金額，或是每年給予他們一筆固定金額，夠他們生活花用，但是不致於揮霍無度，把財產在短時間就敗光了。避免後代因為繼承了上一輩的財產，從此不事生產、無所事事等情況，有了上一代的財產反而是害了他們。

↓ 子女照顧信託

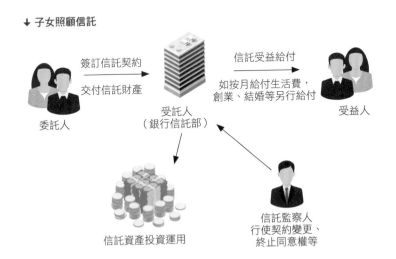

簽訂信託契約
交付信託財產

受託人
（銀行信託部）

信託受益給付

如按月給付生活費，
創業、結婚等另行給付

受益人

委託人

信託資產投資運用

信託監察人
行使契約變更、
終止同意權等

　　運用信託的好處是：可以保留對財產運用的權限，若希望將不動產、股票等贈與子女，如果是直接贈與，在贈與後自己就完全掌控不了。但是如果成立信託，把這些財產轉入信託，以信託契約規定其使用方式，例如為了自己的退休安養，不動產租金歸自己與太太，往生後再分配給子女；另外每年給付若干金額給子女，如果創業、留學等可以額外提撥金額給子女。跟直接贈與比起來，信託的好處是委託人（自己成立的信託，委託人就是本人）可以保留對信託的撤銷權、變更權等權限。如果子女往後真的發生了什麼樣乖張的行為，可以在信託成立後變更其受益的權利。

　　另外也可以利用公益信託的方式，完成自己想要完成的心願，運用部分或全部財產做公益，捐助的單位自己可以指定，資金運用的方式也可以受到監督，不致於亂用，辜負了捐贈者的好意。即使已經上天堂跟上帝喝咖啡了，這樣的公益還是因為有了信託的存在，可以繼續運作下去，把自己永恆的愛心傳承下去！

⑪ 退休安養信託

財務規畫上跟客戶談到退休規畫時，大部分人想到的都是退休後生活費夠不夠的問題，但是其實這只是最簡單的問題，運用投資工具的長期累積，在時間複利效果的加持下，只要可以持之以恆、投資管理得當（穩健投資，不冒高風險），一般都可以在一定時間後累積到一筆金額，可以拿來做退休後生活之用，加上一般人可以領到的勞保年金與退休金，要過一個安穩的退休生活並不是遙不可及的事。

問題來了，當退休族在老年累積了一大筆的退休金，一般人把退休金整筆存在銀行戶頭，這時可能會有以下幾種狀況發生：

1. 自己的衝動投資會帶來無法彌補的後果

還記得 2008 年金融危機時，有些退休老兵也深陷在雷曼兄弟連動債的風波中，因為他們以為連動債就像定存，可以固定領取配息，

因此有些老兵把賴以維生的退休金投入購買連動債，後來其結果當然是可想而知，當虧損 80％本金時，老兵的退休生活就無以為繼了。

2. 一大筆錢會引起其他人的覬覦

有些不肖子女會貪圖父母親的退休金，或是詐騙集團的詐欺，身擁巨款的退休一族常常就成為詐騙的受害人。

3. 萬一自己年老失智，生活無法自理

根據衛福部最新公布資料顯示，2016 年台灣失智症盛行率，65 ～ 69 歲為 3.4％，隨著年齡上升，罹患失智症的比率越來越高，85 ～ 89 歲達到 21.92％，超過 90 歲以上高達 36.88％！失智患者在規畫、執行計畫或在處理數字時，都可能出現困難。失智患者會逐漸失去管理財物能力，也沒辦法維護自身的權益，包括無法明瞭投資決策，會帶來什麼樣的結果。失智症不是單一項疾病，而是一群症狀的組合（症候群），它的症狀不單純只有記憶力的減退，還會影響到其他認知功能，包括有語言能力、空間感、計算力、判斷力、抽象思考能力、注意力等各方面的功能退化，同時可能出現干擾行為、個性改變、妄想或幻覺等症狀，這些症狀的嚴重程度足以影響其人際關係與工作能力。（資料來源：台灣失智症協會）

有一天我們可能會失去管理自己財務的能力，這個可能是你從來

沒有想過的問題。通常我們在思考，生活上是不是可以自己獨立時，衡量的標準為是否可以獨立行動：例如自己開車、外出等。但是可能很少人會去想到，有一天我們的行動能力沒問題，但是心智、認知能力等會出現問題。當這種情況發生時，將是一個嚴重的問題。失去管理財務的能力，意味著無法管理自己的錢財、投資等，這時就可能做出錯誤的投資決策。

如果能夠事先做好規畫，也許不能避免這些病症的發生，但是它能夠讓我們控制自己的財產。即使失智、失能，而且症狀已經很嚴重的時候，仍可以避免財產被侵占等，而在需要醫療照護的時候，這些財務可以用來照顧自己，財產也可以依照我們的意願處理、分配等。

若連生活都無法自理了，更何況是處理自己的財產？

除此之外，退休後的老人看護問題，也是現在做退休規畫時必須一起考量的因素，因為它所需的費用可能是數倍退休日常的生活費。而這方面卻又無法在保險公司的醫療險獲得給付，因為醫療險都是有住院的事實才能獲得給付，但老人看護多數是居家照護：復健、居家護理、三餐煮食……等非住院的看護行為，這些根本無法從醫療險獲得給付。一般人即使行動無法自理，但是要聘僱家庭外籍看護工，可能都有資格上的問題，如果聘僱本國看護一個月也要 5 ～ 8 萬元。因此在老人看護費用準備上，實在有必要在做退休準備一起納入考慮、多做準備，保守估計這樣的花費一個月至少約需要 10 萬元。

為了避免退休後身邊擁有一大筆錢，引起其他人的覬覦，安養信託是一個可以考慮的方式。

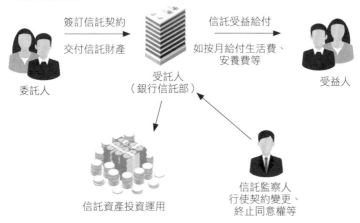

↓ 退休安養信託

這樣的退休安養信託，由自己當委託人，與受託人簽訂信託契約，委託人將其財產轉移至該信託內，成為信託財產（例如 1,200 萬的現金），由受託銀行依信託契約內容，分散運用於各種金融工具例如：存款、國內外共同基金、債券及股票等理財工具，並依委託人的需要，定期或不定期將信託收益給予受益人（可為委託人本人或委託人指定之人），作為生活費、醫療費、看護費用等，以確保老年生活品質。如此一來，因為財產已經移轉至信託，可以避免受託人因為一時的衝動投資，或是旁人的覬覦甚至詐騙，讓自己的退休生活發生問題。

如果概算一下：以多少金額做信託時，其投資報酬率在 3% 與 5%

下，每月可以提領多少金額當成退休生活費？假設退休後的期間是 20
年，如果每月提領，在第 20 年底正好把本金都用完的狀況，一種狀
況因為提領金額較少，只用提領的金額來支應退休後的生活費，另外
一種是當可提領的金額更多時，還可以支應老年看護費用的狀況，試
算結果如下表。

↓ 信託金額與退休提領試算

信託金額	用途	退休期間	報酬率／月領金額		銀行定存
			3%	5%	利率 1.35%
500 萬	退休金	20 年	27,660	32,860	23,757
800 萬	退休金	20 年	44,257	52,577	38,011
1200 萬	退休金＋老年看護	20 年	66,386	67,766	57,017
1500 萬	退休金＋老年看護	20 年	82,982	98,583	71,271

(資料來源／ifa-cfpsite.com)

　　成立信託關係後，委託人必須將財產移轉予受託人，你可能會
有疑問：那這樣你對該財產不是就沒有實質的掌控權了？這倒是不用
擔心，該項財產在法律上、形式上雖然歸受託人所有，受託人為財產
權之主體或法律行為之當事人，而與第三人做各種交易行為。但是信
託財產雖移轉到受託人之名下，使受託人變成是財產法律上、形式上
之所有權人，但是並非受託人可以毫無限制的做任何管理與處分之行
為，受託人必須受信託條款之拘束，依照信託的目的進行管理信託財
產，而且委託人可以藉由條款之約定，配合自身的需要，適時終止信
託關係或者作適當的調整。在信託關係中，委託人是為了特定目的，

才將財產移轉與受託人，而其真正的所有權人還是委託人，受託人僅為法律上、形式上之所有權人、交易的當事人。

在法律上也對委託人做了保障，信託法規定受託人不得以任何名義，享有信託利益（信託法第 34 條）。且除有信託法第 35 條所列事由（經受益人書面同意，並依市價取得信託財產……等）之外，不得將信託財產轉為自有財產，或於該信託財產上設定或取得權利，這樣的制度設計，可以確保信託受益人之利益。而為了避免發生萬一委託人無行為能力的狀況，在信託契約簽訂時，都會設置一名「信託監察人」，以監督信託是否有按照信託契約內容執行。信託監察人的權限包括信託監察人得以自己名義，為受益人為有關信託之訴訟上或訴訟外之行為（信託法 52 條）：包括信託財產之管理方法因情事變更，致不符合受益人之利益時（信託法 16 條）、受託人違反信託本旨處分信託財產時（信託法 18 條）、受託人因管理不當，致信託財產發生損害或違反信託本旨處分信託財產時（信託法 23 條）等狀況，信託監察人都可以自己名義，為維護受益人權益，而提起有關信託之訴訟，可見其角色是相當重要的。

一旦信託成立後，受託人會依照委託人的在信託契約中的指示，定期或不定期將信託收益給予受益人（可為委託人本人，或委託人指定之人），作為生活費、醫療費、看護費用等，以確保其退休後生活品質。

在實務上之作法，因為必須考量到委託人全面性的需求（節稅、財產移轉傳承、依照自己的意願分配財產、希望可兼顧公益……等），

因此如果能夠由具信託與理財方面專業的財務顧問，協助處理信託事宜會比較妥當，因為信託期間一般都比較長，透過財務顧問的協助，可以提供信託契約內容的擬訂、投資標的的投資管理，以及後續可以擔任信託監察人，監督信託的正確執行。

信託如果在成立之初就考量比較完整，會比較能按照委託人的意願來處理相關的財產。而信託契約內容的訂定是相當重要的，必須是能完整貫徹委託人的意願，正因為它的內容訂定都是客制化的，可能每個信託都有不少的差異性。常見的規畫方式例如，委託人與受託人（例如銀行）約定，以委託人最後生存日為信託期限，當委託人不在時信託就終止了。而在信託期間內，受益人是本人跟配偶，可以享有信託收益，信託期滿後則是以子女或公益機構為信託財產歸屬人，信託結束時，受託人會將信託財產交給委託人指定的受益人，這樣的規畫，不但自己的老年生活有保障，亦可照顧後代子女，可以做到「利己、利人、利他」三方都贏的結果。

12

公益信託

　　根據健康局的資料表示，台灣 65 歲以上的老年人口，在民國 82 年就達到 7％，成為「高齡化社會」，而根據經建會的推估，民國 106 年的老年人口比率，將成長到 14％，進入「高齡社會」；接著到民國 114 年，即可能達到 20％成為「超高齡社會」，台灣人口老化速度之快，超乎大多數人的想像。在我們幫客戶做財務規畫時，會碰到一種族群的客戶是即將退休或是已經退休的客戶。他們之中有人也許不到 60 歲就提早退休了，他們的生活從以往身居公司要職、忙碌異常的生活，突然轉換成無事可做的生活，以前什麼都有就是沒有時間，現在卻是時間充裕一點都不忙了，這種生活還真不知道要如何安排呢。

　　想想看 60 幾歲在工作職場幾十年，經驗、專業各方面其實都已經達到頂峰，如果身體也沒有狀況的話，多數人應該都會想再回到職場，貢獻自己所長、讓自己不致於跟社會脫節。但是說實在的，幾十年的工作生涯什麼大風大浪沒經歷過，這時候要再像以前那樣朝九晚

五，為企業拚個你死我活、為五斗米折腰的動力已經沒有了。多數人也許都已經不再是為錢工作，反而是在尋找一份對自我的肯定，因此，投入社會企業會是一個不錯的選擇。

社會企業（Social Enterprise）其實可以列為退休規畫的解決之道之一。相較於傳統企業，社會企業的成立目的是要解決社會問題，而不是純粹為了盈利，甚至企業本身就可以是為了解決社會問題而存在的。社會企業是從英國興起，與一般其他私有企業不同的是，它不只是為了股東或者企業的擁有者謀取最大的利潤而運作。社會企業從事的是公益性事業，它透過市場機制，產生影響社會的力量。社會企業在先進國家早已經變成熱潮，例如 2006 年諾貝爾和平獎得主尤努斯（Muhammad Yunus）在 1983 年創辦的孟加拉鄉村銀行，發展了「小額貸款」和「小額金融」的理論和實踐，給貧窮而無法獲得傳統銀行貸款的創業者貸款，幫助了無數基層民眾。

社會企業指的是一個用商業模式，運用法人組織的型式解決某一個社會或環境的問題，例如提供負有社會責任或環境保護的產品或服務、為弱勢社群創造就業機會等。社會企業雖然從事的是公益活動，但是其組織還是可以營利公司或非營利組織之型態存在，並且有營收與盈餘。其盈餘主要用來投資社會企業本身、繼續解決該社會或環境問題，而主要並非為出資人或所有者謀取最大的利益。由於社會企業成立的宗旨是為社會解決問題，與一般企業純粹為股東或投資人獲取最大盈利的目標不同。公司的成立基本上會是以有共同的理念夥伴結合的，而非完全是利益的結合，也因為少了這些可能的利益衝突，更

適合退休後的生涯規畫。

多數退休人士在原本的工作上，都已經累積了相當多的經驗與智慧，如果不能善加運用其實相當可惜，而運用社會企業這樣的模式，當退休後可以集合一些有共同理念、願意為社會付出的朋友，選擇某些關心的社會問題，貢獻以往所學做為經驗的傳承。例如成立一家社會企業的公司，專門協助失業的年輕人，讓他們可以學習行銷、企畫、管理等各方面的專業知識與技能，縮短年輕人剛出社會的摸索期。因為學校學到的理論跟社會實際的需求，中間的差距其實滿大的，這些課程的講師，退休前在各行各業都是屬於菁英份子的專業人士，由他們來傳授這些專業與技能是再適合不過了。而由於這家公司是公益性質，因此課程收費比較合理，學員可以在這裡學到一些有用的專業與技能，在往後的求職過程中自然是有加分效果。他們求職順利，也幫助社會解決失業率居高不下的問題，而退休人士也可以發揮所長造福年輕人。

退休後可能有很多人到各個地方去擔任義工，但是這些工作可能跟他們本來的工作是完全無關的，也許只是付出勞力與時間而已，無法善用他們多年累積的管理經驗及智慧，這是相當可惜的一件事。如果能夠好好規畫，退休人士透過成立社會企業的方式，不但讓退休人才的能力得以延續，也可以做公益一舉兩得。如果是在財務比較寬裕的退休族，更可以進一步利用設立公益信託的方式把錢捐出來，從事自己關心的公益活動。例如把公益信託的資金用來補助或是投資在一家從事公益活動的社會企業上，這樣不但可以從事公益，還可以實際

參與社會企業的運作，傳承自己的經驗及智慧，讓自己的退休生活過得更加有意義。

　　馬斯洛的人生五大需求，其中的自我實現需求是最不容易被解釋清楚的，什麼叫做自我實現？ 這可能因人而異，如果你還年輕，可以說它是充分發揮你的潛能，去完成自我成長、個人目標；但是如果你已經工作穩定、甚至退休了，小孩也都長大成人、可以獨立自主了，這時候的你衣食無缺，會如何定義這個自我實現？ 還有什麼是你想要達成的？ 幫助別人也許是其中重要的一個項目。

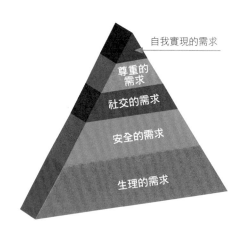

　　一般人其實多少有利他的性格存在，多數人還是喜歡幫助別人的，因此很多人會去捐款、做善事，我還聽到一個好友說，她父母親每年都買一千斤的白米，載到山地部落去幫助當地的原住民。這可能是特例，一般人可能願意出錢卻沒時間出力。在台灣有一個現象是：

慈善捐款多數集中在幾個知名團體，很多不具知名度的慈善機構其實也很需要幫助，但是卻募不到款，這是滿可惜的事。

但是公益信託可以解決這樣的問題，因為公益信託的彈性比較大，信託契約的內容可以依自己的意思訂定。很多人都很有愛心、想要做公益，但是有時可能不放心捐款給公益團體後，其資金是否按照正常程序運用在該用的公益用途上？而公益信託契約的內容可以自己訂定，諸如：捐助對象、資金的使用方式、信託財產投資的方式等，因此可以更加落實你要從事公益的理念。一方面你可以自己選擇想要捐助的對象，這可能是你熟悉的一個機構，但是因為沒有名氣、平常募款都有困難，但因為你的一個公益信託，可能就讓他們可以維持正常運作了。

公益信託成立的門檻沒有像基金會那麼高，台幣數百萬元可能就成立了。公益信託的基本角色有以下幾個：委託人（如果是你成立的，委託人就是你本人）；受託人：接受委託人交付財產及管理財產等，公益信託受託人必須為信託業法所稱之信託業，一般都是由銀行來擔任；信託監察人：公益信託依規定必須設立監察人，以監督信託是否有正常的運作，包括信託本金業務執行（例如投資），信託支付費用等。

另外捐贈給公益信託可列舉扣除所得稅，所得稅法第6條：個人及營利事業成立、捐贈或加入符合第4條之3各款規定之公益信託之財產，適用第17條及第36條有關捐贈之規定。第17條：1.捐贈：納稅義務人、配偶及受扶養親屬對於教育、文化、公益、慈善機構或

團體之捐贈總額最高不超過綜合所得總額 20％為限。

　　舉例來說：假設個人所得 1,000 萬元，如果沒有捐贈給公益信託，則稅率 40％，扣除累進差額額，應繳 3,170,400 元所得稅。但是如果 200 萬元捐入信託，因為沒有超過個人所得 20％，因此可全額扣抵，稅率一樣是 40％，扣除累進差額後，他的應繳稅額變成 2,370,400 元，從 317 萬元的稅變成了 237 萬元，中間稅少了 80 萬元，因為多了捐贈，事實上他不但是做了善事，他的淨所得其實也增加了。

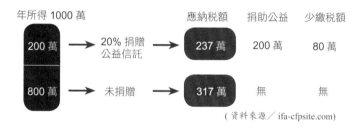

（資料來源／ ifa-cfpsite.com）

　　實務上你可以尋求財務顧問的協助，絕大多數具有 CFP 認證規畫顧問資格的財務顧問，也都同時有信託業務人員的證照。可以透過他們來協助你成立公益信託，從事前訪談了解你成立信託的目的、用途，到擬訂信託契約、協調銀行相關部門人員配合，到成立後擔任信託監察人，為你監督信託資金的用途、執行的業務等，讓你的信託可以順利執行。（公益信託介紹影片如 QR Code 連結：公益信託行善又節稅）

後記
現在就開始啟動幸福退休的「征途」

高震宇

臺灣社會人口老齡化趨勢是條單行道且沒有最高速限，根本上也難減速。加上少子化現象合併所導致的勞動力不足，已經相當程度地動搖了社會安全保障體系，特別是退休金財政系統的可持續性，面臨嚴峻挑戰。2017 國家年金改革整體內容，觸及財政來源、稅制及退休金金額等調整，然而，建構確保一個世代不會用盡的退休金制度需要全民有共識來努力。

人是一種具有社會性、利益協調能力，並追求友善合作、社會至善和諧的動物，古希臘思想家亞里士多德，和古代中國的思想家荀子，幾乎同時形成了這樣的認知。在家庭的基礎上，社會就進化到高級而完備的境界，而其存在的理由是為了使人類過上「優良的生活」。特別是老後生活的好與壞、溫暖或是孤單、幸福或是難過、富足或是拮据，是家庭中每一分子都要共同面對、努力和承擔的課題。

不論是退休規畫或財富傳承與資產配置，都沒有一針見血的良方，本書也不是為了解決所有難題而生的。不過，基於勞工、公務人員或是家庭主婦都可能會讀到本書的預想，書中內容力求以容易理解

為優先，試圖在書中談論當下思考所及的解決方案。

　　本書屬於入門書，並且在有限篇幅中盡可能地涵蓋廣泛的內容，企圖讓讀者藉由本書了解整體家庭經濟與財務的現況，更希望大家可以針對自己有興趣想透析的部分，再各自縱向深入研究探討。礙於字數關係，無法充分傳達的事項還很多。談論退休規畫的問題，時常是難窺一斑而見全貌，往往只是看到事物的一部分或僅是略有所得，因此，循求專業認證的財務顧問諮詢是一個善的指引。

　　本書除第一篇〈退休只有錢的問題嗎？〉〈公務人員年金改革內涵介紹〉，及第三篇〈退休規畫的投保策略：退休前，退休後醫療險、殘扶險與長照險〉〈用年金保險做退休規畫（舉例試算）〉〈投資型保險適合做退休規畫嗎？〉五個章節，為作者之一高震宇撰寫，其餘內容為廖義榮先生所著。若能成為讀者思考退休規畫問題的契機，或是跨出那一步的開端，實屬萬幸。

　　最後，要向在本書執筆、編輯過程中提供多方協助的出版社致上深深的謝意。倘若沒有出版社的全力支持，本書是無法完成的。

　　筆者雖然覺得時間尚早，但也已經針對身後事項預先做好了相關規畫與準備。希望讀者們也都能以閱讀本書為契機而妥善處理和安排，現在就開始啟動屬於自己幸福退休的征途。

國家圖書館出版品預行編目資料

無痛退休：戰勝年改、對抗通膨，活到90歲也不怕的實用理財術／廖義
榮、高震宇 著. -- 初版. -- 臺北市：如何，2018.10
256面；14.8×20.8公分. --（Happy fortune；17）
ISBN 978-986-136-519-0（平裝）

1.退休 2.生涯規劃 3.理財

544.83 107014181

Eurasian Publishing Group
圓神出版事業機構
用心與你對話・感動無限寬廣

如何出版社
Solutions Publishing

www.booklife.com.tw reader@mail.eurasian.com.tw

Happy Fortune 017

無痛退休：戰勝年改、對抗通膨，活到90歲也不怕的實用理財術

作　　者／廖義榮、高震宇
發 行 人／簡志忠
出 版 者／如何出版社有限公司
地　　址／台北市南京東路四段50號6樓之1
電　　話／（02）2579-6600・2579-8800・2570-3939
傳　　真／（02）2579-0338・2577-3220・2570-3636
總 編 輯／陳秋月
主　　編／柳怡如
責任編輯／尉遲佩文
校　　對／廖義榮・高震宇・柳怡如・尉遲佩文
美術編輯／潘大智
行銷企畫／詹怡慧・曾宜婷・徐緯程
印務統籌／劉鳳剛・高榮祥
監　　印／高榮祥
排　　版／陳采淇
經 銷 商／叩應股份有限公司
郵撥帳號／ 18707239
法律顧問／圓神出版事業機構法律顧問　蕭雄淋律師
印　　刷／龍岡數位文化股份有限公司
2018 年 10 月　初版

定價 330 元　　　　ISBN 978-986-136-519-0